KEIN PFAD

Richard Stiegler
Kein Pfad – Aus der Stille leben
© J. Kamphausen Verlag &
Distribution GmbH
info@j-kamphausen.de
www.weltinnenraum.de

Lektorat: Dr. Richard Reschika
Typografie/Satz: KleiDesign
Umschlag-Gestaltung:
Wilfried Klei
Druck & Verarbeitung:
Westermann Druck Zwickau

1. Auflage 2005
Die Deutsche Bibliothek – CIP-Einheitsaufnahme

Ein Titelsatz für diese Publikation
ist bei der Deutschen Bibliothek erhältlich

ISBN 3-89901-038-8

Dieses Buch wurde auf 100% Altpapier gedruckt und ist alterungsbeständig.
Weitere Informationen hierzu finden Sie unter www.weltinnenraum.de

Alle Rechte der Verbreitung, auch durch Funk, Fernsehen und
sonstige Kommunikationsmittel, fotomechanische oder vertonte Wiedergabe
sowie des auszugsweisen Nachdrucks vorbehalten.

Richard Stiegler

KEIN PFAD

Aus der Stille leben

„ZUR WAHRHEIT FÜHRT KEIN PFAD.
UND DARIN LIEGT IHRE SCHÖNHEIT."

JIDDU KRISHNAMURTI

Einleitung 9

1 Kein Pfad 14

Heimkommen 14
Die Suche nach Erfüllung 17
Loslassen 19
Leer werden 21
Sich bewusst sein 23
Die zweifache Natur
des Bewusstseins 25
Gewahrsein 27
Jede Erfahrung ist gut genug 29
Die Stille entdecken 30
Die kollektive Hypnose 31
Kein Pfad? 33

2 Angenommensein 38

Das Ich und der Prozess
der Ablehnung 38
Begrüße alle! 39
Wie wir uns selbst ausgrenzen 42
Annehmen ist kein Tun 43
Annehmen und hinnehmen 45
Der Ablehnung Raum geben 48
Das Urgefühl,
nicht richtig zu sein 48
Wie das Urgefühl entsteht 51
Unsere Anstrengung,
richtig zu werden 52
Wir sind angenommen 53
Das Ende der Anstrengung 54

3 Nicht richtig, nicht falsch 58

Das Ich und das Wesen 58
Unsere Gewohnheit, zu werten 60
Wie Werturteile auf uns wirken 61
Der innere Richter 63
Den Richter erkennen lernen 64
Urteile sind Vorstellungen 65
Den Urteilen Raum geben 68
Unsere Suche nach dem Ideal 70
Vollkommenheit und Perfektion 72
Spirituelle Werte 73

4 Nicht-Tun 76

Im Einklang sein 76
Zweierlei Leiden 78
Innehalten 80
Die Reaktionskette 82
Eine Lücke schaffen 84
Den Lebensfluss unterstützen 85
Leicht und kraftvoll 87
Wer handelt? 88
Nicht-Tun ist keine Übung 90
Verstand und Stille 91

5 Nicht-Wissen 96

Die Kraft der Neugier 97
Von der Antwort zur Frage 99
Wissen macht sicher 101
Die Unmittelbarkeit verlieren 102
Der Versuch, zu verstehen 104
Die Welt der Gedanken 106
Aus dem Gedankenstrom
aussteigen 108
Freiheit vom Denken 111
Alles vergessen 113

6 Nicht-Erfahren 118

Dunkelheit und Frieden 118
Die Natur unserer Sinne 119
Verhaftetsein mit Erfahrung 121
Das Wahrnehmen
wahrnehmen 123
Ein Quantensprung 124
Gegenwart ohne Zeit und Ort 128
Die Wahrnehmung ausrichten 129
Der direkte Weg 132
Verschiedene Tore 134
Leere und Fülle 136

7 Keine Welt 140

Die Vertreibung
aus dem Paradies 140
Wie wir die Welt
zusammensetzen 142
Eine Gedankenwelt 143
Die Welt zerfällt 145
Die Unschärfe zulassen 147

Die Welt verschwindet 149
Welt und Nicht-Welt 151
Gibt es keine Welt? 152
„Ich habe genug" 154

8 KEIN ICH 158

Das Gespenst mit Namen Ich 159
Der Glaube an ein Ich 161
Vergänglichkeit als Tor 163
Eintauchen ins Nicht-Erfahren 164
Auf der Suche nach dem Ich 165
Das Ich als Idee entlarven 167
Besitz, Beziehungen
   und Rollen 168
Die Angst, nicht zu sein 173
Die Flamme der Sehnsucht 174
„Ich habe kein Ich" 177
Wer ist erleuchtet? 178

9 OHNE ANFANG 182

Das Phänomen
   der Langsamkeit 182
Vom Wesen der Zeit 183
Zeitlose Gegenwart 185
Immer währende Schöpfung 187
Alte Knochen 189
Was Erinnerungen sind 190
Der persönliche Duft 192
Todlosigkeit 194
Die Identifikation
   mit dem Körper 196
Bewusstsein und Körper 197
Wie wir den Körper erschaffen 200

10 ALLES SEIN 204

Konflikte und ihre Ursache 204
Eine neue Art des Leidens 206
Form ist Leere 208
Die Falle der Unterscheidung 209
Leere ist Form 211
Das kleine und das große Ich 212
Das Eine 213
Stille und Liebe 216
Mitfühlendes Verbundensein 219
Und was kommt dann? 221

11 MEDITATION 224

Meditation ist keine Methode 225
So weit wie der Himmel 226
Wach und entspannt 227
Ein stabiles Gefäß 229
Wärme 233
Die erste Phase:
   Die Flamme entfachen 235
Die zweite Phase:
   Den Geist ausrichten 236
Die dritte Phase:
   Gegenwärtig sein 237
Die vierte Phase:
   Das Erforschen 239
Sich bedanken 242

12 SEI OHNE SORGE 244

Dem Leben vertrauen 245
Ein Herzenswunsch
   zum Schluss 247

**Das Zurücktreten
im Überblick** 250

Dank 256

Zum Autor 257

Literaturhinweis 258

Einleitung

Dieses Buch handelt von Stille. Im Alltag verbinden wir mit Stille normalerweise das Fehlen von Lärm. Wenn ich in diesem Buch von Stille spreche, meine ich nicht die Abwesenheit von Geräuschen, sondern eine innere Dimension von Stille – die Stille des Seins. Wir könnten es auch die Stille des offenen Bewusstseins nennen. In manchen Traditionen wird es auch das Absolute oder die Leerheit genannt.

Es gibt viele Namen für Stille und auch wiederum keine, da Stille im eigentlichen Sinne kein Objekt ist und damit weder erfahren noch benannt werden kann. Wir können es nur sein. Aus diesem Grund beschreiben manche Lehrer Stille nur *via negationis*. Sie beschreiben, was sie nicht ist. Trotzdem erscheint es mir am nahe liegendsten, von Stille zu sprechen, da es am deutlichsten die subjektive Erfahrung wiedergibt, wenn wir unsere wahre Natur tiefer erfassen.

Tatsächlich beinhaltet auch innere Stille eine Abwesenheit von Lärm, nämlich von innerem Lärm, der aus Vorstellungen, Vorlieben, Reaktionen und Gedanken besteht. Dieser innere Lärm nimmt unsere Aufmerksamkeit meist so sehr gefangen, dass wir die Dimension von Stille nicht erkennen. Erst wenn wir heraustreten aus dem Beschäftigtsein mit Vorstellungen und Vorlieben, kann Stille immer mehr ins Bewusstsein treten und zu einer realen Dimension unseres Lebens werden.

Genau das hat sich in meinem Leben ereignet. Nach anfänglichem Aufblitzen von Momenten der Stille, in denen ich noch gar nicht einordnen konnte, was mit mir geschah, intensivierte sich das Erleben von Stille immer mehr. Ganz allmählich vertiefte sich mein subjektives Erleben, und Stille wurde immer mehr zu einer „greifbaren" Lebensrealität.

Je deutlicher die Dimension der Stille hervortrat, desto mehr vertiefte sich auch mein Verständnis von verschiedenen Aspekten der Stille. Eine der Überraschungen in diesem Prozess war, dass ich immer öfter die Sprache und Bilder unterschiedlicher spiritueller Schulen verstand. Scheinbar widersprüchliche Aussagen konnte ich als verschiedene Blickwinkel auf ein und dieselbe Dimension begreifen.

Auch wurde mir zunehmend klarer, was uns üblicherweise daran hindert, die Dimension der Stille zu berühren, und wie wir das Erleben von Stille systematisch vertiefen können. Genau genommen bezieht sich diese Systematik nicht darauf, dass Stille selbst sich vertieft, sondern auf das schrittweise Zurücktreten von innerem Lärm. Jedes Zurücktreten enthüllt eine neue Dimension von Stille und macht sie dem Bewusstsein zugänglich.

In diesem Buch werde ich wesentliche Schritte des Zurücktretens und die dazugehörigen Dimensionen von Stille beschreiben. Ich hoffe, damit einen Beitrag zu leisten, die spirituelle Reise zu entmystifizieren und verständlicher zu machen, ohne ihr ihren Zauber zu nehmen. Naturgemäß kann der Verstand die Dimension der Stille nicht erfassen, und doch bin ich inzwischen, nach Jahren der spirituellen Begleitung von Menschen, überzeugt, dass ein klares Verständnis der Seinsebene sehr wichtig ist. Wir wissen dann, worauf wir unsere Aufmerksamkeit zu richten haben und wie wir geschickt den Prozess des Zurücktretens fördern können.

Wissen ohne Praxis entspricht dem Verdursten am Ufer eines Sees. Praxis ohne korrekte Sichtweise ist wie das Umherirren eines Blinden in der Wüste.

TRAD. BUDDHISMUS

Trotzdem schlage ich vor, dieses Buch nicht nur mit dem Verstand zu lesen, sondern immer wieder zwischen den Zeilen und Absätzen zu „lauschen". Lauschen ist ein entspanntes und zugleich wachsames Aufmerksamsein. Ein Offensein ohne auf etwas Bestimmtes zu achten. Wir achten nicht auf Gedanken, Gefühle oder Körperempfindungen, die vorüberziehen, und auch nicht auf Stille. Wir sind nur aufmerksam.

Stell Dir vor, es ist kurz vor Beginn eines Konzertes, auf das du dich freust. Die Bühne ist dunkel. Nichts rührt sich. Kein Ton ist zu hören. Es herrscht eine freudige Spannung. Du bist vollständig aufmerksam, obwohl nichts geschieht. In diesem kurzem Moment verdichtet sich Stille. Du bist ganz Lauschen.

Lauschen ist vielleicht die Haltung, die am leichtesten Stille offenbart. Je tiefer wir eintauchen in ein offenes, entspanntes Lauschen, desto mehr offenbart sich uns Stille, da vollkommenes Lauschen nichts anderes ist als die Stille des offenen Bewusstseins.

Obwohl das Buch so aufgebaut ist, dass es eine logische Abfolge der Themen wiedergibt, kann doch auch jedes Kapitel für sich gelesen werden. Es empfiehlt sich jedoch, das erste Kapitel zu Beginn zu lesen, da es für das Verständnis des ganzen Buches grundlegend ist. Wem der rote Faden des Buches beim Lesen der einzelnen Kapitel verloren gehen sollte, kann am Schluss des Buches eine Zusammenfassung in Kurzform lesen (siehe: Das Zurücktreten im Überblick).

Auch habe ich jedem Kapitel Übungen beigefügt, die den jeweiligen Aspekt von Stille vertiefen helfen. Diese Übungen lenken unsere Aufmerksamkeit auf das Thema des Kapitels und unterstützen uns, es in der unmittelbaren Erfahrung zu untersuchen. Alle Übungen können sowohl alleine als auch zu zweit gemacht werden. Wenn du mit jemandem zusammen die Übungen machen möchtest, gibt es eine Begleiterin und einen Erfahrenden. Die Begleiterin stellt die Fragen, ist aufmerksam zuhörend da und verstärkt durch ihre Anwesenheit die Präsenz im Raum. Sie gibt keine eigenen Kommentare ab. Der Erfahrende nimmt sich für jede Frage ein paar Minuten Zeit und untersucht sie im gegenwärtigen Erleben. Dabei spricht er laut über seine augenblickliche Erfahrung, was den Sinn hat, nicht mit der Aufmerksamkeit abzuschweifen.

Natürlich können wir uns der Stille nicht nur mithilfe von Fragen annähern, sondern auch durch Meditation. Meditation ist der klassische Weg, unsere wahre Natur zu erkennen. Daher habe ich am Schluss des Buches ein Kapitel beigefügt, in dem ich mein persönliches Verständnis von Meditation beschreibe.

Und noch ein letzter Hinweis: Um eine bessere Lesbarkeit des Buches zu gewährleisten, verwende ich im Text nicht die umständliche Formulierung, beide Geschlechter zu erwähnen, sondern benütze meist abwechselnd einmal die weibliche und einmal die männliche Form.

1 Kein Pfad

Jeder Mensch kennt Momente des Ankommens. Wenn wir nach einem ausgedehnten Spaziergang oder nach einer Reise heimkommen, umgibt uns eine Atmosphäre von Vertrautheit und wir lassen los. Wir sitzen auf unserem Lieblingsplatz, trinken eine Tasse Tee und kommen zur Ruhe. Wir sind da.

In diesen Momenten fällt die Unruhe von uns ab, die sonst oft unser Leben begleitet. Eine Unruhe, die uns suchen und unterwegs sein lässt – von einer Beschäftigung zur nächsten, von einer Befriedigung zur anderen. Ankommen ist frei von Suchen. Im Ankommen finden wir.

Wir finden nicht das, was wir zuvor gesucht hatten, sondern lassen die Suche los und finden zu uns. Eine wohl tuende Stille breitet sich aus. Wenn wir nicht mehr suchen, kann es still in uns werden. Es ist eine Stille, die nichts braucht. Ein Frieden, der immer auf uns wartet – im Ankommen und im Loslassen.

Heimkommen

Manche Menschen ahnen in diesen kurzen Momenten des Ankommens, dass es ein Ankommen und einen Frieden gibt, der noch viel umfassender ist und auch vom Unterwegssein im Leben unberührt bleibt. Eine Erfahrung des Heimkommens, die unserem Leben Sinn gibt und uns Frieden schenkt. Dieses große Heimkommen wird Stille, Erleuchtung oder Gott genannt.

Also machen sie sich auf den Weg nach diesem großen Zuhause, sie beten und praktizieren Meditation. Die spirituelle Reise beginnt. Eine Suche nach Stille, Wahrheit und Erfüllung.

Jeder Suche aber liegt die Überzeugung zugrunde, dass das Gesuchte im gegenwärtigen Moment nicht existiert. Wir fühlen einen Mangel, der unsere Bemühungen in Gang hält. So wenden wir unseren Blick nach außen und hoffen, in der Zukunft das Ersehnte zu finden. Suchen aber führt uns weg von dem Ort, an dem wir gerade sind: die Gegenwart. Suchen lässt uns nicht ankommen.

In einem Königreich herrschte über viele Jahre Krieg.
Um den Sohn des Königs sicher vor den Feinden zu schützen, wurde er heimlich schon als kleines Kind zu Pferdezüchtern aufs Land gebracht und dort ohne Wissen seiner Herkunft aufgezogen. So wuchs er mitten unter Pferden auf und wurde schnell ein großartiger Reiter.

Eines Tages starb der König und niemand außer ihm wusste, wo der Königssohn war.
Also übernahm ein Bruder des Königs die Regierungsgeschäfte und veranlasste, dass die besten Reiter und Spurensucher des Landes nach dem verschollenen Königssohn suchen sollten. Als der Königssohn, der inzwischen ein junger Mann geworden war, davon hörte, dachte er bei sich: „Ich bin ein guter Reiter und will meine Dienste anbieten. Ich werde wie ein Wirbelwind durch das ganze Land reiten und jeden Winkel nach dem Sohn des Königs absuchen."

So suchte er das ganze Reich ab. Immer auf der Suche nach einem jungen Mann, der ungefähr so alt sein musste wie er selbst und der, so hoffte er, dem Bild des verstorbenen Königs glich. Er suchte Wochen und Monate, fand viele junge Männer in seinem Alter, aber keinen, der dem König in seinem Aussehen glich.

Erschöpft gab er auf und beschloss, dem Bruder des Königs seinen Misserfolg mitzuteilen. Als er aber in den Königspalast kam und der Bruder ihn bemerkte, rief dieser: „Wer ist dieser junge Mann? Er ist meinem Bruder, dem verstorbenen König, wie aus dem Gesicht geschnitten!"

Richard Stiegler

Stille können wir weder in der Zukunft noch außerhalb von uns finden, denn sie ist da, wo wir sind. Wie in der Geschichte mit dem verschollenen Königssohn suchen wir das, was wir bereits sind, unsere wahre Natur. Doch das, was wir sind, können wir nicht erreichen oder werden.

Stille kann daher kein Ziel sein. Stille ist vielmehr die Grundlage unseres Seins. Sie ist die Grundlage der momentanen Erfahrung des Haltens dieses Buches, des Lesens, des Denkens, des Atmens.

Wenn Stille immer da ist, dann kann sie uns nicht fehlen. Auch dann nicht, wenn wir vielleicht gerade keine Stille empfinden. Sie ist genauso die Grundlage der Erfahrung von Ruhelosigkeit und Gedankenlärm. Stille ist nicht gestört von unserer Unruhe und unseren Gedanken. Sie ist die Grundlage unserer Unruhe und

Gedanken. Wie kann etwas gestört werden, das die Grundlage ist von allem, was existiert?

Stört es das Gold, wenn der Goldschmied daraus Ringe formt? Gold ist die Grundlage, der Stoff, aus dem Ringe gemacht werden. Egal, welche Formen der Goldschmied schmiedet, der Grundstoff bleibt in sich vollkommen und ganz.

Wenn Stille die Grundlage unseres Seins ist, gibt es auch keinen Weg zur Stille. Oder muss ein Ring sich verändern, um Gold zu werden? Da ist kein Weg, kein Ziel und keine Anstrengung.

Die Suche nach Erfüllung

Trotzdem ist den meisten Menschen diese immer währende Stille nicht bewusst, im Gegenteil. Wir sind gedankenverloren, hin- und hergeworfen von Gefühlen und oft vereinnahmt von äußeren Geschehnissen und Problemen. So ist es nur natürlich, dass wir uns nach Frieden und Erfüllung sehnen. Die Suche beginnt.

Zuerst suchen wir im Außen nach Erfüllung. Wir suchen Erfüllung in der Partnerschaft, in Sexualität, materiellen Dingen, Vergnügungen oder in Erfolg. Wir sind der festen Überzeugung, dass uns zu unserem Glück etwas von anderen, etwas Äußeres, fehlt. Diese Überzeugung entspringt allerdings einem kindlichen Erleben, denn als kleine Kinder waren wir in unserer Entwicklung tatsächlich vollständig von unserer äußeren Umgebung abhängig.

Doch je mehr sich unsere Sehnsucht nach außen richtet, desto mehr vergessen wir, dass all unsere Potenziale in uns angelegt sind. Wie der vollständige Baum bereits im Samen angelegt ist und nicht durch den Gärtner hineingelegt wird, so sind uns auch unsere Potenziale an Liebe, Weisheit, Glück und Stille immanent – niemand kann uns all das geben.

Ein Gärtner kann das Potenzial eines Baumes lediglich unterstützen und zwar dadurch, dass er dem Samen Wasser, Licht und einen guten Nährboden gibt. Genauso kann unser Potenzial gesehen und von anderen gefördert werden. Solange wir Kinder sind, brauchen wir diese Förderung. Unser Wesen will erkannt und bestätigt werden.

Unser Liebespotenzial beispielsweise benötigt die Resonanz der Eltern, um sich zu entfalten. Folglich sehnen wir uns als Kinder natürlicherweise nach ihrer Liebe. Unter guten Bedingungen wird unser Liebespotenzial durch sie bestätigt und entfaltet sich dadurch von innen her. Findet es jedoch keine Resonanz, entsteht ein Mangel – wir kommen mit unserer eigenen Liebe nicht in Berührung. In unserer Abhängigkeit aber denken wir, dass es ein äußerer Mangel ist und suchen zeitlebens nach der Liebe bei anderen Menschen. Unsere Überzeugung, dass uns etwas von anderen fehlt, bestimmt uns.

Wenn wir im Außen nach Erfüllung suchen, werden wir mit der Zeit entdecken, dass es dort keine dauerhafte Erfüllung gibt, selbst wenn sich manche Sehnsucht erfüllt. Äußere Erfüllung ist genauso kurzlebig wie das Sättigungsgefühl nach einer guten Mahlzeit.

Außerdem stoßen wir mit unseren Wünschen oft auf Grenzen und müssen anerkennen, keine Kontrolle über die Erfüllung unserer Wünsche zu haben. Oder haben wir es etwa im Griff, ob sich unser Wunsch nach einer glücklichen Partnerschaft erfüllt? Hinzu kommt, dass uns alles, was wir im Außen finden, jederzeit wieder genommen werden kann. Über kurz oder lang machen wir alle immer wieder die Erfahrung von Verlust.

Wenn uns allmählich klar wird, dass wir außen keine dauerhafte Erfüllung finden können, beginnen wir, Erfüllung, Glück und Frieden innen zu suchen. Wir werden zu spirituellen Suchern. Aber auch wenn wir jetzt innen suchen, zum Beispiel mit Hilfe von Meditation, sind wir noch immer in der Falle des Suchens gefangen.

Doch das, was wir suchen, sind wir bereits. Es ist die Grundlage dessen, was wir sind. Es ist der Urgrund von allem, was existiert, und damit auch die Grundlage unserer Suche. Wie kann es sein, dass wir uns sehnen und nach etwas suchen müssen, was wir zutiefst sind? Wie konnte der Ring vergessen, dass er Gold ist? Was muss geschehen, dass wir uns unserer wahren Natur wieder bewusst werden?

Loslassen

Stellen wir uns einen Bildhauer vor, der aus einem Steinblock eine Figur hauen will. Die Figur ist schon vollständig da, aber im Stein versteckt. Die Tätigkeit des Bildhauers besteht darin, so lange etwas von dem Block wegzunehmen, bis die Figur sich herausschält und sichtbar wird. Der Künstler formt keine Figur, sondern er nimmt etwas weg, was die Sicht auf die Figur versperrt.

Genau das passiert in der spirituellen Arbeit. Wir sind Stille. Also können wir es nicht werden. Aber wir können das wegnehmen, was uns die Sicht auf Stille versperrt. Nicht dass dann irgendetwas an uns anders wäre, wir sind immer das, was wir sind, aber wir können es jetzt erkennen.

Wie der Bildhauer die Figur für die Augen des Betrachters freilegt, so will spirituelle Arbeit unsere wahre Natur für unser Bewusstsein freilegen, und das bedeutet, das loszulassen, was uns den Blick verstellt. Daher ist spirituelle Arbeit ein Prozess des Loslassens.

Dies verhält sich diametral entgegengesetzt zu unseren üblichen Bemühungen im Leben, wenn wir Ziele erreichen wollen. Normalerweise erreichen wir Ziele dadurch, dass wir etwas anhäufen. Wir müssen zum Beispiel Wissen anhäufen, um Professor zu werden. Oder wir müssen Fertigkeiten gewinnen, um ein Musiker zu werden. Und natürlich müssen wir uns anstrengen, um das nötige Wissen, die nötigen Fertigkeiten oder die materiellen Voraussetzungen für unsere Ziele zu erwerben.

In der Spiritualität geht es jedoch nicht um ein Anhäufen. Wir trachten nicht danach, mehr zu werden, sondern weniger. Wir suchen nicht nach etwas, was uns eine neue Identität und damit Gewicht verleiht, sondern befreien uns immer mehr von der Schwere einer Identität. Wir werden immer leichter, bis wir Stille verwirklichen. Wenn wir alles loslassen, was unsere Wahrnehmung verstellt, bleibt Stille.

Milarepa hatte überall nach Erleuchtung gesucht, aber nirgends eine Antwort gefunden, bis er eines Tages einen alten Mann langsam einen Bergpfad herabsteigen sah, der einen schweren Sack auf der Schulter trug. Milarepa wusste augenblicklich, dass dieser alte Mann das Geheimnis kannte, nach dem er so viele Jahre verzweifelt gesucht hatte.

„Alter, sage mir bitte, was du weißt. Was ist Erleuchtung?"

Der alte Mann sah ihn lächelnd an, dann ließ er seine schwere Last von der Schulter gleiten und richtete sich auf.

*„Ja, ich sehe!" rief Milarepa. „Meinen ewigen Dank! Aber bitte erlaube mir noch eine Frage:
Was kommt nach der Erleuchtung?"*

Abermals lächelte der alte Mann, bückte sich und hob seinen schweren Sack wieder auf. Er legte ihn sich auf die Schulter, rückte die Last zurecht und ging seines Weges.

TRAD. BUDDHISMUS

Leer werden

Was verstellt uns den Blick? Was gilt es loszulassen?

Es sind unsere Vorstellungen, Pläne und Vorlieben. All unsere Identifizierungen mit Rollen, mit Wissen und mit Werten behindern unsere Sicht. Letztlich all unsere Anstrengungen, das Leben kontrollieren zu wollen. Es ist das, was in der Psychologie die Persönlichkeit genannt wird und in spirituellen Kreisen das Ich. Sind wir bereit, all das loszulassen und ganz leer zu werden?

Im Bestreben, zu lernen, kommt täglich
etwas hinzu.
Im Bestreben, mich dem Tao zu nähern,
fällt täglich etwas weg.

    Lao Tse

Ramana Maharshi vergleicht spirituelle Arbeit mit dem Graben eines Brunnens. Wenn wir einen Brunnen graben, heben wir eine tiefe Grube aus. Der leere Raum in dieser Grube, der das Wesen des Brunnens ist, wird nicht von uns geschaffen. Wir haben nur die Erde entfernt, die den Raum ausgefüllt hat. Der Raum war vorher dort und ist es auch jetzt.

Ebenso ist es mit Stille. Obwohl sie immer da ist, wird sie erst erfahrbar, wenn wir sie freilegen. Wie im Bild des Brunnens ist es notwendig, uns zu entleeren von dem, was den Raum der Stille anfüllt – von unserem Ich. Es ist ein umfassendes Loslassen all dessen, was uns eine Identität verleiht und was wir in unserem Leben angesammelt haben. Ein Loslassen unserer Identifikation mit Wissen, Fertigkeiten, Beziehungen, Erinnerungen, Vorlieben, ja mit allem, woran wir festhalten und was uns Sicherheit und Halt im Leben zu geben scheint.

Ist das nicht eine ungeheure Forderung, alles loszulassen, was wir sind und was uns Sicherheit und Halt gibt? Wer kümmert sich dann um unsere Arbeit, um unsere Familie?

Keine Sorge. Auch jemand, der aus der Stille heraus lebt, kann sich um Alltägliches kümmern. Sogar viel gelassener und besser als jemand, der in Gedanken und Problemen verstrickt ist.

Nimm zum Beispiel den augenblicklichen Vorgang, dieses Buch zu lesen. Es geschieht von selbst. Als du Lesen gelernt hast, war deine ganze Aufmerksamkeit vom Entziffern der Buchstaben vereinnahmt und es war mühsam, den Sinn zu erfassen.

Wenn du jetzt dieses Buch liest, ist deine gesamte Aufmerksamkeit frei für den Inhalt des Textes. Du überlässt das Lesen deinem Verstand und auf diese Weise funktioniert es am besten. Unser Körper und unser Verstand können hervorragend alles erledigen, auch wenn wir uns nicht ständig darum kümmern. Vertrauen wir darauf, bleibt unsere Aufmerksamkeit überwiegend frei und die Dinge geschehen ohne Anstrengung.

Schöpferisch wird unser Geist sogar erst dann, wenn wir loslassen. Eingebungen entstehen häufig aus einem Moment des Sichüberlassens, wenn wir unsere Versuche, etwas erdenken oder lösen zu wollen, aufgeben und still werden. Kreativität liegt jenseits unserer üblichen Gedankenschienen. Ein Raum von Stille, ohne Denken, ist daher der fruchtbarste Boden für Inspiration.

Alles loszulassen, bedeutet demnach nicht, all unser Wissen und unsere Fähigkeiten zu verlieren, sondern nur, dass wir vorübergehend unsere Aufmerksamkeit davon abziehen.

Doch was bringt uns dazu, so radikal loszulassen? Nur unsere Erkenntnis, dass alles, was uns innerlich und äußerlich beschäftigt hält, vergänglich und flüchtig ist. Daher gilt auch die Kontemplation über Vergänglichkeit in allen Religionen als die wichtigste.

*Von allen Fußabdrücken ist der des Elefanten
der größte.
Von allen Meditationen ist die über den Tod
die höchste.*

BUDDHA

Dabei geht es nicht nur um die Vergänglichkeit unseres Körpers, sondern um die Vergänglichkeit aller Erscheinungen in jedem Augenblick. Wenn wir die Flüchtigkeit dessen erkennen, worum wir im Leben kämpfen und was uns innerlich gefangen nimmt, dann verlieren wir das Interesse daran und fragen uns: Was bleibt? Wer sind wir wirklich?

Der Prozess des Loslassens ist ein Zurücktreten von allem, was unsere Aufmerksamkeit gewöhnlich vereinnahmt. Ein Zurücktreten von allen inneren und äußeren Objekten. Nicht dass dann innere oder äußere Objekte nicht mehr da wären. Immer noch gibt es Körperempfindungen, Gedanken und Geräusche. Aber wir ziehen unsere Aufmerksamkeit ab. Und was bleibt, wenn wir die Aufmerksamkeit immer mehr von allen Objekten zurücknehmen? Es bleibt ein Aufmerksamsein, ohne auf etwas Bestimmtes zu achten. Aufmerksamkeit pur. Das ist Lauschen. Diese offene Aufmerksamkeit ist Präsenz und Stille zugleich.

Sich bewusst sein

Genau genommen ist der Prozess des Zurücktretens nur eine subtile Verschiebung unserer Aufmerksamkeit. Wir schauen nicht mehr auf die Objekte, die in unserem Geist erscheinen, sondern wir richten unsere Aufmerksamkeit auf das Aufmerksamsein selbst. Wir sind ganz aufmerksam. Aufmerksamsein ist in jeder Erfahrung und in jeder Erscheinung, die in unserem Geist auftaucht, enthalten.

Wenn du zum Beispiel jetzt deinen Atem spürst, wie er kommt und geht, dann bist du dir deines Atems bewusst. Wenn du ein Geräusch hörst, bist du dir des Geräusches bewusst. Wenn du einen Gedanken hast, bist du dir des Gedankens bewusst. Was immer gerade in deinem Geist erscheint, immer gibt es ein gemeinsames Element, das gleich bleibt: sich dessen bewusst zu sein.

Meistens achten wir jedoch nicht auf dieses Sich-bewusst-Sein, sondern auf den Inhalt unseres Bewusstseins wie Empfindungen, Gedanken oder Geräusche. Und doch ist in jeder Erfahrung Bewusstsein da, sonst könnten wir es nicht erfahren. Erfahrung braucht das Sich-bewusst-Sein. Gleich, ob wir uns des Lesens, des Sitzens, des Atmens oder des Denkens bewusst sind, immer ist Bewusstsein da.

Wir können noch etwas achtsamer unsere Erfahrung betrachten und dieses Sich-bewusst-Sein noch genauer beobachten. Ändert es sich, wenn eine angenehme oder eine schmerzhafte Erfahrung gemacht wird? Ist Bewusstsein selbst davon berührt, ob ein wütender oder ein freudiger Gedanke auftaucht? Natürlich nicht. Wir sind uns der angenehmen genauso wie der unangenehmen Erfahrung, des wütenden genauso wie des freudigen Gedankens bewusst.

Es gibt also etwas in jeder Erfahrung, das immer gleich bleibt: Bewusstsein. Obwohl es selbst nicht greifbar ist wie ein Objekt und keine Merkmale hat, woran wir es festmachen können, ist es doch eine offensichtliche Dimension jeder Erfahrung.

Ohne Bewusstsein gibt es keine Erfahrung. Es ist daher die Grundlage von Erfahrung und kann sich mit jeglichem Erfahrungsobjekt verbinden: mit Gedanken, mit allen Arten von Gefühlen, mit Körperempfindungen, mit Geräuschen, Gerüchen und Farben. Alles erscheint im Raum des Bewusstseins, und doch bleibt das Bewusstsein selbst völlig unberührt davon.

Bewusstsein ist wie ein Spiegel. Der Spiegel kann jedes Objekt unterschiedslos in sich aufnehmen und widerspiegeln. Er selbst bleibt jedoch vollkommen leer und unberührt.

Sei einen Moment achtsam und betrachte, wie deine augenblickliche Erfahrung, dein Atem, deine Empfindungen und deine Gedanken im Raum des Bewusstseins erscheinen.

Die zweifache Natur des Bewusstseins

Wenn wir auf diese Weise unsere Erfahrung beleuchten, können wir zwischen dem Inhalt unseres Bewusstseins und dem Bewusstsein selbst unterscheiden. Diese beiden grundlegenden Aspekte des Bewusstseins können klar unterschieden werden und sind doch ineinander verflochten.

Der Inhalt unseres Bewusstseins besteht aus den verschiedensten Erfahrungsobjekten. Daher nenne ich es Objektbewusstsein. Das Objektbewusstsein nimmt immer Objekte, also etwas, wahr. Zum Beispiel die Empfindung des Sitzens, einen Gedanken oder das Geräusch des Umblätterns. Alles, was wahrgenommen, benannt und beschrieben werden kann, sind Objekte im Raum des Bewusstseins. Dazu gehören alle inneren und äußeren Erscheinungen. Sie alle erscheinen und vergehen im Bewusstsein. Das Objektbewusstsein wird auch der Bereich der Form genannt, da das Objektbewusstsein alle Manifestationen des Lebens widerspiegelt.

Wir sind üblicherweise völlig von den Erscheinungen des Lebens eingenommen, regelrecht hypnotisiert. Daher sprechen manche Lehrer auch vom Objektbewusstsein als Konsensustrance oder Alltagsbewusstsein.

Manche dieser Phänomene erscheinen relativ dauerhaft, andere wiederum sehr flüchtig. Mit einigen dieser Objekte identifizieren wir uns, beispielsweise mit unserem Körper, mit anderen identifizieren wir uns nicht, wie mit diesem Buch. Aber all diese Objekte erscheinen im Bewusstsein und verschwinden wieder, ohne eine Spur zu hinterlassen. Wie ein Spiegel kann das Bewusstsein alle Objekte in sich aufnehmen, ohne selbst davon berührt zu werden. Nichts bleibt auf dem Spiegel zurück. Kein Objekt, das sich darin spiegelt, kann ihn trüben, verletzen oder ihm seine Leerheit nehmen.

Man könnte nun einwenden, dass Erfahrungen doch Spuren in uns hinterlassen, als Erinnerungen. Aber auch Erinnerungen sind nur Gedanken und damit Objekte, die wir wahrnehmen können. Erinnerungen erscheinen auf dem Spiegel des Bewusstseins, aber sie trüben ihn nicht.

Die Natur des Bewusstseins ist Formlosigkeit. So wie das Gold formlos ist und sich daher in jede Form gießen lässt, ist Bewusstsein selbst formlos und kann sich in jeglicher Form manifestieren. Daher wird es auch das Formlose genannt.

In diesem Sinne ist das Bewusstsein der Urgrund, auf dem das Objektbewusstsein und damit jegliche Erfahrung erst möglich wird. So wie das Gold der Grundstoff ist, aus dem Ringe geformt werden, ist Bewusstsein die Grundlage jeglicher Erfahrung.

Dabei ist wichtig zu sehen, dass das Bewusstsein selbst keine Erfahrung ist, sonst wäre es wiederum ein Objekt und damit benennbar, greifbar und vergänglich. Bewusstsein ist der Ursprung jeglicher Erfahrung und daher die Grundlage für das Objektbewusstsein. Es selbst ist nicht so erfahrbar, wie wir Objekte erfahren können.

Aus diesem Grund wird es auch als Nicht-Erfahrung bezeichnet. Eine Formulierung, die es für unseren Verstand ins Diffuse und Mystische abgleiten lässt, denn unser Verstand kann Nicht-Erfahrung nicht begreifen. Er kennt nur die Welt der Form und bezieht sein Wissen aus Erfahrenem. Nur was benannt und beschrieben werden kann, kann unser Verstand erfassen. Aus diesem Grund bleibt die Erkenntnis des spiegelgleichen Bewusstseins unserem Verstand verschlossen. Selbst wenn er beginnt, das Prinzip des Bewusstseins zu begreifen, kann er es niemals verwirklichen.

Nicht was das Auge sieht, sondern was dem Auge
ermöglicht zu sehen, wisse, nur das ist Brahman –
das Ewige – und nicht, was die Menschen hier anbeten.
Nicht was das Ohr hört, sondern was das Hören
ermöglicht, wisse, nur das ist Brahman – das Ewige –
und nicht, was die Menschen hier anbeten.
Nicht was der Verstand denkt, sondern was das Denken
ermöglicht, wisse, nur das ist Brahman – das Ewige –
und nicht, was die Menschen hier anbeten.

UPANISHADEN

Gewahrsein

Was ermöglicht es dem Auge zu sehen? Oder anders ausgedrückt: Wer sieht?

Beide Fragen lenken unsere Aufmerksamkeit auf das Subjekt einer Erfahrung. Bewusstsein ist das Subjekt, zeitlos und immer während. Es ist das, was wahrnimmt. Es ist der Ursprung jeglicher Erfahrung. Das Subjekt können wir nicht erfahren, wir können es nur sein.

Trotzdem ist es möglich, uns des Bewusstseins bewusst zu werden, und zwar dadurch, dass wir von den Objekten zurücktreten. Der Fokus unserer Aufmerksamkeit verschiebt sich unmerklich von den Wahrnehmungsobjekten weg zu dem, was wahrnimmt. Wir schauen nicht mehr auf die Wahrnehmungsinhalte, sondern sind ganz Wahrnehmung, ungerichtet und offen. Man nennt daher das Erkennen des formlosen Bewusstseins auch Gewahrsein, also „ganz Wahrnehmung sein". Im Gewahrsein sind wir eins mit offenem, unberührtem Bewusstsein.

Obwohl Bewusstsein das Subjekt jeglicher Erfahrung ist, kennt es kein Ich. Denn der Ich-Gedanke oder das Ich-Gefühl ist nur ein Objekt des Verstandes, das im Bewusstsein erscheint, ohne es zu berühren. Wie ein Spiegel im Bad nicht davon berührt wird, wenn wir morgens verschlafen hineinschauen, so bleibt Bewusstsein selbst vollkommen unberührt von unserem Gefühl, eine unabhängige, getrennte Person zu sein.

Bewusstsein ist unberührt, transparent, unendlich. Daher wird es mit Stille in Verbindung gebracht. Etwas, das vollkommen unberührt bleibt, ist in sich unendlich still. Es ist die Stille selbst. Es reagiert nicht, wertet nicht, denkt nicht. Die Natur der Stille ist nichts anderes, als vollständige Offenheit.

Erfahrung bedeutet Veränderung, sie kommt und geht. Die Realität jedoch ist keine Erfahrung, sie kann nicht erfahren werden. Sie ist nicht wahrnehmbar, so wie man ein Ereignis wahrnimmt. Die Realität kommt nicht und geht nicht. Der Wunsch selbst und die Suche nach der Realität sind die Bewegung, der Vorgang und die Handlung der Realität. Sie können lediglich den entscheidenden Punkt begreifen, dass alles, was geschieht, was kommt und geht, nicht die Realität ist.

Erkennen Sie Vergänglichkeit als vergänglich, Erfahrungen lediglich als Erfahrungen, und Sie haben bereits alles getan, was Sie tun können. Dann sind Sie offen für die Realität, nicht mehr dagegen gepanzert, so wie Sie es sind, solange Sie Ereignisse und Erfahrungen Realität beimessen.

SRI NISARGADATTA MAHARAJ

Jede Erfahrung ist gut genug

Wenn wir auf diese Weise die Natur unseres Bewusstseins betrachten, wird klar, dass wir Menschen in zwei Wirklichkeiten leben. In der relativen Wirklichkeit der sich wandelnden Erscheinungen und in der absoluten Wirklichkeit der Stille des Bewusstseins. Auch wenn uns meist die relative Wirklichkeit völlig vereinnahmt, ist Stille im Kern jeder Erfahrung präsent.

Mein Vipassana-Lehrer betonte immer wieder, dass jede Erfahrung gut genug ist, um gegenwärtig zu sein und aufzuwachen. Jede Erfahrung, gleich, ob angenehm oder unangenehm, beinhaltet den Samen der Erleuchtung, da sie sich im Bewusstsein spiegelt.

Kannst du lesen ohne Bewusstsein? Gibt es die Erfahrung des Denkens ohne Bewusstsein? Gibt es die Erfahrung des Spürens deiner rechten Hand ohne Bewusstsein? Lausche!

Die Stille entdecken

Wie können wir diese unberührte Stille entdecken, wenn sie weder Erfahrung noch Objekt ist und unser Verstand sie auch nicht erfassen kann. Wie können wir ihrer gewahr werden?

Zunächst ist es mir wichtig zu wiederholen, dass die Stille des Bewusstseins nichts ist, was wir irgendwie erreichen könnten.

Man kann das gar nicht oft genug betonen, denn der Verstand wird immer versuchen, still zu werden oder Stille zu erreichen. Er strengt sich an und sucht nach Stille. Da er nur Objekte kennt, versucht er vergeblich, Stille als Objekt zu erfassen. Stille sein verwirrt unseren Verstand.

> *Wenn es keine Buddhanatur gäbe (mit anderen Worten: Wenn wir nicht schon diese absolute Stille wären), wozu würden wir dann praktizieren?*
>
> *Haben wir ein schmutziges Kleidungsstück, dann waschen wir es. Aber in Wirklichkeit waschen wir ja nicht das Kleidungsstück – wir waschen den Schmutz weg. Dann haben wir ein so genanntes sauberes Kleidungsstück. Doch in Wahrheit war das Kleidungsstück nie schmutzig, daher kann es nicht gereinigt werden. Der Schmutz ist vorübergehend. Er hat seine Ursache und seine Bedingungen. Das Kleidungsstück selbst ist niemals weder sauber noch schmutzig. Genauso ist es mit der Buddhanatur. Wir sind diese Natur.*
>
> DZONGSAR KYENTSE

Wie können wir also diese Stille entdecken, die wir immer sind? Wie kann es geschehen, dass Stille nicht nur theoretisches Wissen bleibt, sondern lebendiges Sein ist, aus dessen Mitte heraus wir leben?

Schauen wir noch einmal auf die zweifache Natur des Bewusstseins: Objektbewusstsein und formloses Bewusstsein. Die Stille des Bewusstseins ist immer da, doch sie wird von Erscheinungen, dem Objektbewusstsein, verdeckt.

Wie die Leere des Spiegels niemals für unser Auge sichtbar wird, da sich ständig alle möglichen Erscheinungen darin spiegeln, so enthüllt sich uns auch das formlose Bewusstsein nicht ohne Weiteres, da es voller Erfahrungen und Objekte ist.

Was uns den Blick auf das formlose Bewusstsein verstellt, sind dennoch nicht die Objekte selbst. Es ist unsere Fixierung auf Objekte. Unsere Wahrnehmung wird magnetisch von allen Erscheinungen angezogen. Wir lassen uns von Erfahrungsobjekten so vollständig vereinnahmen, dass der Hintergrund der Erfahrung, die Stille, verblasst.

Bildlich gesprochen fixieren wir uns auf die Wolken am Himmel und bemerken nicht die grenzenlose Weite, in der diese Wolken erscheinen. Um die Weite des Himmels zu erfassen, müssen sich nicht die Wolken auflösen, sondern unsere Fixierung.

Der Schlüssel zur Stille des Bewusstseins ist, Sensibilität für das Objektbewusstsein zu entwickeln und unsere Fixierung darauf zu lösen. Es ist wie das Erwachen aus einer Hypnose. Wir wenden unsere Aufmerksamkeit dann immer weniger den Formen und Erscheinungen zu und öffnen uns stattdessen mehr und mehr einem ungerichteten offenen Gewahrsein.

Die kollektive Hypnose

Das hört sich sehr einfach an, doch ist die kollektive Hypnose, ausschließlich auf die Erscheinungen des Lebens zu schauen, ungeheuer tief in uns verwurzelt. Unsere gesamte Wahrnehmung ist so strukturiert, dass wir immer ein Etwas wahrnehmen: ein Geräusch, einen Baum, einen Duft. Zum Beispiel kannst du den Raum, in dem du gerade sitzt, nur erfassen, weil er durch Wände begrenzt ist. Unser Auge kann nur die Wände sehen, nicht den Raum selbst.

Das ist durchaus sinnvoll fürs Überleben. Unser Körper, unser Verstand und unsere Sinne sind so geeicht, dass wir uns in der relativen Wirklichkeit der Erscheinungen zurechtfinden, um darin überleben zu können. Gleichzeitig wird diese Jahrzehnte lange Gewohnheit, auf die Erscheinungen des Lebens zu schauen, zu einer tief sitzenden Prägung, die dazu führt, dass nur Objekte uns wirklich erscheinen, nicht aber das Nicht-Objekthafte – die Stille des formlosen Bewusstseins. Das Objektbewusstsein, das dem Überleben dient, wird zum Bollwerk gegen inneren Frieden und Glück. So verlieren wir unsere wahre Natur schon früh aus dem Blick.

Aus diesem Grund brauchen wir Lehrer, die uns daran erinnern, dass es eine Wirklichkeit jenseits der Welt der Erscheinungen gibt. Lehrer helfen uns, unsere Aufmerksamkeit neu auszurichten und dem Bereich der Stille Wert beizumessen.

Alle Menschen kennen Momente, in denen sie entspannt in der Sonne liegen und ihren Verstand baumeln lassen. Momente von Nicht-Denken. Momente von Frieden. Zwischenzustände, in denen wir Leerheit und Stille berühren. Aber wir messen diesen Momenten keinen Wert bei. Wir treten dadurch nicht vollständig in Kontakt mit der Stille, die in diesen Augenblicken durchschimmert. Unsere Aufmerksamkeit und unser Interesse wenden sich aus Gewohnheit den Erscheinungen und Gedanken zu. Daher bleiben solche Momente oberflächlich und unwirklich.

Mit anderen Worten, wenn wir unsere Aufmerksamkeit nicht neu ausrichten lernen und dem subtilen Bereich des Nicht-Denkens und der inneren Stille Wert beimessen, werden wir die Stille des Bewusstseins nicht verwirklichen können.

Eines Tages kommen wir alle auf unserer Suche nach Glück vor einer Schatztruhe zu stehen. Darauf steht in goldenen Lettern: „Hierin befindet sich der größte Schatz des Universums. Wer diese Truhe öffnet, findet absolute Wirklichkeit und Glückseligkeit."

Erstaunlicherweise ist die Truhe nicht verschlossen und wir wundern uns noch, dass der größte Schatz aller Zeiten unverschlossen ist. Natürlich öffnen wir die Truhe sofort – und was finden wir? – Nichts. Die Truhe ist leer.

RICHARD STIEGLER

Die meisten Menschen werden sich enttäuscht abwenden. Sie erkennen die Bedeutung der Leere nicht. Sie suchen nach dem „Etwas" und erkennen in der Leerheit nicht das Absolute. Also suchen sie weiter.

Kein Pfad?

Selbst wenn wir beginnen, der Leerheit Bedeutung beizumessen, und immer wieder Augenblicke von Lauschen und Stille erleben, ist unsere Identifizierung mit dem Objektbewusstsein sehr stark. Wir verlieren die Stille schnell wieder aus dem Blick, und Vorlieben und Gedanken vereinnahmen uns.

Aus diesem Grund habe ich in diesem Buch die wesentlichen Aspekte unserer Identifizierung beschrieben. Schrittweise beleuchte ich diese in den Kapiteln zwei bis neun und versuche zu verdeutlichen, wie wir uns systematisch aus der hypnotischen Wirkung dieser Erscheinungen lösen können. Nach und nach werden in diesem Prozess des Zurücktretens verschiedene Dimensionen von Stille freigelegt und dadurch sichtbar.

Dieser Prozess des Entleerens kann schrittweise durchlebt werden, wie ich es hier darstelle, es kann aber auch plötzlich, in einem einzigen Augenblick, geschehen. Leer zu werden, benötigt keine Zeit, da wir im Grunde unseres Seins immer schon leer sind.

Wenn ich in diesem Buch den Prozess des Enthypnotisierens beschreibe, könnte der Eindruck entstehen, dass das formlose Bewusstsein das Erstrebenswerte und das Objektbewusstsein ein Problem sei. Dem ist aber nicht so.
Bewusstsein und Objektbewusstsein bedingen und durchdringen einander. Die Schwierigkeit für uns Menschen ist nur, dass wir so sehr identifiziert sind mit der relativen Wirklichkeit des Objektbewusstseins, dass uns die Stille des Absoluten abhanden kommt. Die Folge ist ein unermessliches Leiden an der Vergänglichkeit der Erscheinungen.
Daher schlage ich vor, zunächst die Aufmerksamkeit systematisch von den Erscheinungen abzuziehen, um Stille zu verwirklichen. Wenn Stille dann mehr und mehr zur lebendigen Wirklichkeit in unserem Leben geworden ist, geht es nicht darum, die Erscheinungen des Lebens auszugrenzen und uns im Reich der Stille zurückzuziehen. Das wäre eine Sackgasse, eine neue Identifizierung würde uns einengen. Die Identifizierung mit Rückzug.
Ein weiterer Schritt wird nötig: uns aus der Stille wieder den Erscheinungen zuzuwenden und alle Formen als Ausdruck des Absoluten zu erkennen. Nur dann finden wir zu einem inneren Frieden, der umfassend ist und alle Bereiche unseres Lebens durchdringt. Dieser letzte Schritt wird in Kapitel zehn beschrieben.

Ist spirituelle Arbeit also doch ein Weg? Ja und Nein. Sie ist insofern ein Weg, als es um einen Prozess geht, in dem uns bewusst wird, was unseren Blick auf innere Stille verstellt und wie wir davon zurücktreten können. Dennoch ändert sich dadurch nichts an unserer wahren Natur. Die Stille des Bewusstseins ist zeitlos und unberührt.

Da ist kein Pfad, kein Ziel und keine Anstrengung.

> **Übung: Zwei Wirklichkeiten**
>
> Diese Übung hilft dir, im gegenwärtigen Erleben zu differenzieren zwischen einer objektbezogenen Achtsamkeit und objektloser Präsenz.
>
> 1. Benenne achtsam die Erscheinungen im gegenwärtigen Erleben. (5 Min.)
>   (z. B. Einatmen, Denken, Geräusch, ...)
> 2. Erforsche die augenblickliche Erfahrung deines Seins. (5 Min.)

2 Angenommensein

Stille ist grenzenlose Offenheit. Wenn wir in einem Wald sitzen, spüren wir diese Offenheit von Stille. Hier ist es friedlich und still trotz vieler Geräusche. Kein Laut, kein Rascheln, kein Vogelgesang stört diese Stille. Diese friedliche Stille nimmt alles in sich auf, lässt jedes Geräusch zu. Die Stille des Waldes ist Offenheit und Annahme.

Auch innere Stille ist nichts anderes, als diese annehmende Offenheit. Wenn wir die Natur von Stille berühren wollen, ist es daher notwendig zu betrachten, was diese Offenheit verstellt.

Das ICH und der Prozess der Ablehnung

Eine Grundeigenschaft des Ichs, die Offenheit verhindert, ist die Tendenz, das Leben nicht anzunehmen. Wenn wir etwas nicht annehmen, trennt uns das von dem, was gerade da ist. Diese Nicht-Annahme ist ein Versuch, uns dem Gegenwärtigen zu entziehen. Ein subtiler Versuch der Abwehr, der unsere Offenheit einschränkt.

Betrachten wir das Ich mit all seinen Vorlieben und Vorstellungen genauer, wird deutlich, dass die grundlegende Dynamik des Ichs aus Ablehnung erwächst. Ohne Ablehnung gibt es kein Ich.

Das ist leicht zu sehen. Die Grundtendenz des Ichs ist, Unangenehmes vermeiden und Angenehmes vermehren und festhalten zu wollen. Eine permanente Aktivität, die das Gegenwärtige ablehnt und uns nicht ermöglicht, darin zu verweilen. Verlangen und Aversion sind der Motor des Ichs.

In der Meditation geht es ums Loslassen.
Aber bei unangenehmen Gefühlen oder Empfindungen
geht es immer zuerst ums Annehmen.

FRED VON ALLMEN

Eine weitere Grunddynamik des Ichs, die ebenfalls mit Ablehnung zusammenhängt, ist, dass wir uns nur mit einem Bruchteil unseres Erlebens identifizieren, also mit ganz bestimmten Körperempfindungen, Gefühlen und Gedanken. Alles andere scheint nicht zu uns zu gehören und wird ausgegrenzt. Identifizierung ist im Grunde nichts anderes als Ausgrenzung und somit wieder Ablehnung. Das bin ich und das bin ich nicht.

Formloses Bewusstsein dagegen ist offen für alles. Es nimmt das, was da ist, unterschiedslos an. Alles, was existiert, ist angenommen. Um unsere Anhaftung an unser Ich zu lösen, ist es notwendig, mit diesem umfassenden Angenommensein in Berührung zu kommen. Angenommensein ist ein Grundaspekt von Stille.

Begrüße alle!

Offenheit und Annahme sind zwei Seiten einer Münze. Wie können wir offen sein, wenn wir etwas nicht annehmen oder wenn wir uns selbst nicht annehmen?

Die Haltung des Annehmens wirkt immer Ich-auflösend. Wir dehnen uns im Annehmen aus. Im Kleinen wie im Großen. Es kann eine ganz kleine Erweiterung sein, wenn wir zum Beispiel einem Gefühl in uns Raum geben, das wir normalerweise immer ablehnen.

Es kann aber auch eine große Ausdehnung bedeuten, wenn wir Grundüberzeugungen unseres Ich aufgeben, wie etwa die Grundüberzeugung, auf unseren Körper begrenzt zu sein. Dann wird die Ausdehnung grenzenlos.

In folgendem Gedicht beschreibt Rumi sehr treffend, wie die Haltung von Annahme zu Offenheit und Ausdehnung führt.

Dieses Menschsein ist wie ein Gasthaus,
jeden Morgen eine neue Ankunft:
Eine Freude, eine Depression, eine Bösartigkeit.
Eine kurze Bewusstheit kommt als ein unerwarteter
Besucher.

Begrüße und unterhalte sie alle!
Sogar wenn sie eine Menge Leid bringen
und gewaltvoll dein Haus leer fegen von allen
Möbeln,
behandle dennoch jeden Gast würdevoll.

Es könnte dich leer machen für eine neue Freude.

DSCHELALEDDIN RUMI

Rumi sagt, wir seien als Menschen wie ein öffentliches Gasthaus, und er meint damit, dass wir uns nicht aussuchen können, welche Gäste zu uns kommen. In eine Privatwohnung kommen nur ausgewählte, geladene Gäste, aber in ein Gasthaus?

Dann zählt er unterschiedliche Gäste auf, angenehme und unangenehme. Wir wissen nicht, wer im nächsten Moment zur Tür hereinkommt. Oder weißt du, was für einen Gedanken du im nächsten Augenblick haben wirst, was für ein Gefühl oder welchen Impuls?

Sogar unsere Bewusstheit haben wir nicht im Griff. Wie oft sind wir in unserer Meditation gedankenverloren. Doch plötzlich wachen wir wieder für einen Moment auf und sind klar.

Und dann fordert Rumi uns auf, alle Gäste zu begrüßen. Nicht auszuwählen, wie unser Ich das gerne tut, sondern unterschiedslos offen zu sein. Genau diese Offenheit ist es, die der Grundtendenz von Verlangen und Ablehnung entgegenwirkt und damit dem Ich den Boden entzieht.

Selbst dann, wenn die Gäste Leid mitbringen und unsere Möbel hinwegfegen, sollen wir noch offen sein. Was ist mit den Möbeln gemeint? Es sind unsere Vorstellungen, die uns scheinbar Halt und eine Identität geben. Sie werden in Augenblicken von Verletzung und Enttäuschung hinweggefegt. Und Rumi rät, auch hier noch offen zu bleiben.

Das sagt er natürlich nicht ohne Grund. Denn genau diese unangenehmen Gäste konfrontieren uns mit unseren Identifizierungen und Vorstellungen und machen sie sichtbar. Jede Enttäuschung, jede Verletzung und jeder Verlust bietet die Chance, eine Vorstellung des Ichs zu erkennen, zurückzutreten und sich von ihr zu befreien, um leer zu werden.

Leer zu werden für eine neue Freude. Eine Freude, die nichts damit zu tun hat, dass wir etwas bekommen, was wir uns wünschen, sondern die Ausdruck einer Nicht-Identifiziertheit ist, die aus wirklicher Offenheit und Freiheit entsteht. Es ist die Freude des formlosen Bewusstseins.

In diesem Gedicht weist uns Rumi eindrücklich darauf hin, dass wahre Offenheit dem Ich den Boden entzieht. Eine Haltung von Offenheit einzunehmen ist daher grundlegend für die spirituelle Praxis. Wir stimmen uns immer mehr auf unsere wahre Natur ein: auf offenes, formloses Bewusstsein.

Wie wir uns selbst ausgrenzen

Annahme und Offenheit sind nicht voneinander trennbar. Es gibt keine Offenheit ohne Annahme. Und vollständige Offenheit ist nichts anderes als vollständige Annahme. Nichts wird ausgeschlossen oder ausgegrenzt. Alles wird angenommen und so gelassen, wie es natürlicherweise ist.

Diese Art des Annehmens ist unserem Ich sehr fremd. Ständig wollen wir etwas anderes, als da ist. Das Leben soll angenehmer, interessanter, glücklicher sein. Und auch unser Partner soll mehr Nähe mit uns leben oder uns nicht so sehr mit Nähebedürfnissen bedrängen. Und auch wir selbst sollen immer irgendwie anders sein: gelassener, sanfter, klarer, fleißiger, schlanker oder kräftiger, witziger oder ernster, spiritueller, weiser und natürlich auch annehmender. Diese Liste ließe sich unendlich fortsetzen.

Ständig wollen wir uns und andere anders haben. Ein ewiges Manipulieren, das anstrengend und nutzlos ist. Oder hat sich dein Partner dadurch verändert, dass du ihn anders haben wolltest? Wahrscheinlicher ist, dass eure Konflikte dadurch noch zugenommen haben. Oder sind deine Schwächen durch die Versuche, dich zu ändern, verschwunden? Unzulänglichkeiten bleiben uns, hinzu kommt aber, dass wir uns schlecht mit ihnen fühlen.

Unsere Ablehnung von Unerwünschtem führt nicht zu seinem Verschwinden, wie wir es immer hoffen. Vielmehr grenzen wir dadurch uns selbst aus und schränken so unsere Offenheit ein. Wir schneiden uns von Stille ab.

Ein für mich eindrückliches Erlebnis der Selbsteinschränkung hatte ich, als ich vor Jahren mehrere Tage in einem Schweigeretreat meditierte. Aus irgendeinem unerfindlichen Grund herrschte in der Gruppe eine ungeheure Unruhe. Es war alles andere als eine stille, konzentrierte Atmosphäre. Die ersten Tage wehrte ich mich innerlich gegen diese Unruhe. Es war die Hölle. Ich wurde selbst völlig unruhig und konnte die Zeit des Stillsitzens kaum ertragen. Erst als ich mich der Unruhe ergab, veränderte sich die Situation und es wurde mir möglich, mich von den Geräuschen und der Unruhe in der Gruppe tragen zu lassen. Wie ein kleines Kind, das sich nur sicher fühlt und einschlafen kann, wenn es die Geräusche der Mutter im Hintergrund hört, fühlte ich mich in den Geräuschen der Gruppe geborgen. Mit dem Versuch, mich gegen die Geräusche zu wehren, änderte ich nichts an ihnen, vielmehr wurde mir immer enger dabei. Im Annehmen erfuhr ich, dass Stille nicht von Unruhe und Geräuschen berührt wird.

Man überwindet niemals etwas, indem man sich widersetzt. Man kann etwas nur überwinden, indem man tiefer hineingeht.

CLAUDIO NARANJO

Annehmen ist kein Tun

Offenheit ist die Grundeigenschaft des spiegelgleichen Bewusstseins. Ein Spiegel ist vollkommen annehmend. Er nimmt alles in sich auf und ist doch nicht berührt von den Dingen. Genauso schließt formloses Bewusstsein absolut nichts aus und ist damit bedingungslose und grenzenlose Annahme. Eine Annahme, die so umfassend ist, dass sie unsere Vorstellung sprengt.

Diese Art der Annahme ist so umfassend und grundlegend, dass sie nichts zu tun hat mit unserem üblichen Begriff von Annahme. Wenn wir normalerweise von Annehmen sprechen, bezeichnen wir damit den Vorgang des Akzeptierens. Wir sagen ja zu etwas. Wir könnten es also auch ablehnen. In diesem Sinne ist Annehmen eine Handlung, durch die wir uns in Beziehung setzen.

Die Annahme des Bewusstseins jedoch ist viel grundlegender. Sie liegt jenseits von Zustimmung und Ablehnung. Sie ist keine Handlung, sondern entspringt der Dimension des Seins. Die Dinge sind angenommen, weil sie sind. Und wie immer Leben sich in seinen Erscheinungen entfaltet, alles ist vollständig angenommen. Für dieses Angenommensein gibt es nichts zu tun. Es liegt jenseits von Akzeptanz oder Ablehnung. Es ist!

Wir können dieses Angenommensein erahnen, wenn wir unsere Erde betrachten. Die Erde trägt alle Lebewesen ohne Ausnahme. Im allgemeinen Sprachgebrauch sprechen wir daher auch oft liebevoll von ihr als Mutter Erde. Sie nimmt alles auf, was Menschen ihr zumuten: Straßen und Gebäude, Gärten und Müll. Und alles wird wieder umgewandelt. Gibt es etwas zu tun, damit die Erde alles trägt und annimmt? Es geschieht. Genauso grundlegend ist Angenommensein.

Da Stille vollständige Offenheit und Annahme ist, können wir sie nur berühren, wenn wir vollständig annehmend sind. Das klingt beinahe so, als hätten wir eine Wahl, uns künftig für das Annehmen zu entscheiden. Aber Annehmen ist kein Tun, daher können wir es auch nicht üben. Annahme und Offenheit entsprechen einer empfangenden Haltung. Empfangen können wir nicht üben. Wir können nur zulassen, dass es geschieht.

Diese empfangende Haltung ist nichts anderes als unsere immer währende Natur von Offenheit. Wir sind diese Offenheit. Formloses Bewusstsein ist Offenheit und alles erscheint in ihr. Und auch wenn uns dies nicht bewusst ist, erscheint jede Erfahrung in dieser Offenheit und ist angenommen.

Wenn wir dies sehen, wird klar, dass sowohl Annehmen als auch Ablehnen im Grunde eine Täuschung ist. Wir glauben, uns für oder gegen die Dinge entscheiden zu können. Aber alles, wofür oder wogegen wir uns entscheiden, ist bereits existent. Kann sich ein Spiegel gegen eine Erscheinung entscheiden? Wie Kraft raubend ist es doch, sich für oder gegen etwas zu entscheiden, was sowieso schon da ist.

Anstrengende Wahl

Warum wählen wir immer?
Gibt es besseres Sein?
Oder schlechteres Sein?

Aber auch wenn wir lieber wählen
und uns anstrengen für das bessere Sein,
stört es die Stille nicht.

RICHARD STIEGLER

Sich zu bemühen, das anzunehmen, was wir normalerweise ablehnen, führt nur dazu, dass wir etwas anderes in uns ausgrenzen, nämlich das, was ablehnt. Die Folge ist ein innerer Kampf und nicht der Friede des Angenommenseins.

Annehmen und Hinnehmen

Bei spirituellen Menschen kann man oft Missverständnisse um das Thema Annehmen beobachten. Sie haben schon so häufig davon gehört, dass es ums Annehmen geht, dass sie aktiv versuchen, alles anzunehmen, was ihnen widerfährt, auch das, was für sie nicht stimmt. Das führt zu einer subtilen Form von Unterdrükkung der eigenen Bedürfnisse und Grenzen. Sie verwechseln Annehmen mit Hinnehmen.

Eine Kobra hatte von ihrem Meditationslehrer eine Unterweisung im Annehmen erhalten. Darauf beschloss sie, Annehmen zu üben.

Am nächsten Morgen kam eine Frau in den Wald zum Holzsammeln. Sie war sehr kurzsichtig. Als sie die Kobra sah, dachte sie, es wäre eine Schnur, packte sie und band damit ihr Bündel Holz zusammen. Es war sehr unangenehm für die Kobra, aber sie bemühte sich sehr, sich nichts anmerken zu lassen.

Als die Frau zu Hause angekommen war, knüpfte sie ihr Bündel auf und warf die Kobra achtlos in die Ecke. Die Kobra biss die Zähne zusammen und hielt still.

Nach einiger Zeit schlich sie unauffällig davon. Voller blauer Flecken und Schrammen kroch sie in den Wald zurück und traf den Meditationslehrer. „Was ist denn mit dir passiert?", fragte er, als er die Kobra so sah. Da erzählte ihm die Kobra die ganze Geschichte über ihre Bemühung, anzunehmen, und fragte ihn: „Hab ich es richtig gemacht?" Da sagte der Meditationslehrer: „Nein, völlig falsch!"

ZEN-TRADITION

Annehmen bedeutet nicht, wie in der Kobrageschichte, gegen das eigene Wesen zu handeln.

Am leichtesten kann man den Unterschied zwischen Annehmen und Hinnehmen in Beziehungssituationen erkennen. Stell dir vor, du hast einen Konflikt mit deiner Partnerin. Sie will täglich mit dir schlafen und du willst das nicht. Heißt Annehmen hier, ihre Wünsche zu erfüllen?

Manche Menschen denken, dass Annehmen gleichbedeutend damit sei, alle eigenen Bedürfnisse und Standpunkte loszulassen. Dies würde bedeuten, sich selbst zu unterdrücken und völlig anzupassen.

Dabei vergessen sie, dass vollständige Offenheit und Annahme nicht nur nach außen gerichtet ist, sondern auch nach innen. Vollständige Offenheit bedeutet einerseits, das äußere Leben anzunehmen, so wie es sich gerade zeigt, und sich selbst anzunehmen, so wie wir gerade sind. Es geht also auch um das Annehmen des Widerspruchs oder der Unvereinbarkeit von innen und außen.

Für unser Beispiel würde wahre Offenheit bedeuten, sowohl den Wunsch der Partnerin anzunehmen, als auch unsere eigenen Grenzen ernst zu nehmen. Erst wenn wir die Unterschiedlichkeit anerkennen, können wir uns in stimmiger Weise auf die Partnerin beziehen.

Nur eine Offenheit, die Unvereinbarkeit zwischen verschiedenen Polen einschließt, lässt uns das Leben als lebendige Harmonie empfinden. Eine Harmonie, die keine Symbiose, keine Gleichmacherei braucht, sondern Raum bietet für Unterschiede und durch eben diese Polarität bereichert wird.

> **Übung: Annehmen und Hinnehmen**
> - Erinnere dich an eine Konfliktsituation in einer wichtigen Beziehung.
> - Welche Pole hat der Konflikt?
> - Wie ist deine typische Reaktion im Konflikt? Welchen Pol nimmst du nicht an? Wie machst du das?
> - Wie wäre es, wenn du beide Pole vollständig annehmen könntest? Was hätte es für Auswirkungen auf dich, auf den Konflikt bzw. den Konfliktpartner?

Der Ablehnung Raum geben

Was wir also tun können, um uns einzustimmen auf die umfassende Annahme des Bewusstseins, ist nicht, zu versuchen alles anzunehmen, sondern aufmerksam zu sein, wie wir versuchen abzulehnen. Die Ablehnung wahrnehmen und ganz damit sein. Wahrnehmen und Raumgeben bedeutet vollständige Annahme. Wie ein Spiegel, der einen freundlichen und einen wütenden Menschen gleichermaßen widerspiegelt, bedeutet vollständige Annahme, offen zu sein fürs Annehmen und fürs Ablehnen.

Wir brauchen unsere Ablehnung nicht zu verändern. Es genügt, sie bewusst zu sehen und ihr ganz Raum zu geben. Das ist kein Tun und braucht keinerlei Anstrengung. Im Gegenteil. Wir verbinden uns auf diese Weise mit der Offenheit des Bewusstseins, das allem Raum gibt, sich zu entfalten. Die Folge ist innere Weite und eine entspannte Gelassenheit, aus der eine warme, freundliche Haltung allem Lebendigen gegenüber erwächst.

Das Urgefühl, nicht richtig zu sein

Für viele Menschen ist es noch relativ einfach, eine freundliche, mitfühlende Haltung dem Leben und anderen Menschen gegenüber einzunehmen. Aber uns selbst gegenüber? Wie hart sind wir oft uns selbst und unseren Schwächen gegenüber! Und wie kämpfen wir gegen unsere Unzulänglichkeiten an, nur um einem Idealbild zu entsprechen!

Wozu versuchst du immer etwas zu sein,
was du nicht bist?
Was ist denn falsch an dir?
Es geht nicht darum, etwas zu werden –
sei, was du bist!

*Wie können die kleinen süßen Seifenblasen deines
Verstandes außerhalb des Ganzen,
außerhalb des Tao sein?
Es gibt gar kein Außen. Der Fisch ist im Teich. Ob er
es nun glaubt oder nicht – er ist. Dein Kampf gegen
das Tao ist nur eine Bewegung des Tao selbst. Und so
ist es auch mit dem Aufgeben des Kampfes.*

Anonymus

Warum wollen wir uns eigentlich immer irgendwie anders haben? Wieso nehmen wir uns nicht vollständig an? Wieso strengen wir uns immer so an? Wenn wir unsere Anstrengungen, anders zu werden, zum Ursprung zurückverfolgen, taucht ein tief sitzendes Grundgefühl in uns auf: das Gefühl, nicht richtig zu sein.

Bei diesem Grundgefühl geht es nicht um konkrete Dinge, die wir an uns nicht annehmen können. Es betrifft keinen Fehler, den wir gemacht haben, keinen Wutausbruch, den wir hatten, und auch nicht unser Gewicht. Es geht um etwas viel Grundlegenderes: ein unbestimmtes generelles Gefühl, grundsätzlich nicht richtig zu sein.

Es ist diffus und untergründig. Ein Grundgefühl jenseits von Sprache. Es sitzt im Körper und in den Zellen wie ein Grundton, der unsere Gefühle und unser Sein in der Welt färbt. Diffus, ungreifbar und vielleicht gerade deswegen so machtvoll.

Wenn wir uns fragen, wie lange wir schon dieses untergründige Gefühl in uns tragen, haben wir den Eindruck, dass es immer schon da war. Es scheint ohne Anfang. In dem folgenden Zitat von Da Avabhasa wird dieses Urgefühl, nicht richtig zu sein, beschrieben.

*Irgendwann beginnt in jedem Menschen der
Verdacht oder sogar die Überzeugung zu keimen,
er werde betrogen und nicht geliebt. Dieses Gefühl ist
nicht auf die Psyche beschränkt; es ist vielmehr das
tiefgreifende körperliche Erleben, die vollkommene
Geborgenheit und die unbegrenzte Verbindung zum
Leben überhaupt verloren zu haben. Unabhängig
von den tatsächlichen Lebensumständen entsteht in
jedem Kind mehr oder weniger stark dieses Gefühl,
es werde betrogen oder nicht geliebt. Schließlich
kommt das Kind zu der Überzeugung „Ihr liebt
mich nicht..."*

*Dieses Gefühl des Betrogenseins, dieses „Ihr liebt
mich nicht" ist genau das, was wir als Ich oder Ego
bezeichnen. Das Ego ist kein Wesen, kein Ding,
sondern eine Aktivität, ein Prozess. Es ist das
Ausweichen vor der Beziehung, die Verkrampfung
der fühlenden Aufmerksamkeit.
Das Leben des Egos besteht aus Trennung und
„ihr liebt mich nicht".*

NACH DA AVABHASA (12)

Da Avabhasa beschreibt hier sehr treffend dieses Urgefühl als die Verkrampfung der fühlenden Aufmerksamkeit. Die Verkrampfung, das Gefühl, nicht richtig zu sein oder, wie Da Avabhasa es nennt, das Gefühl, nicht geliebt zu sein, ist der Ursprung des Ichs, die Basis für all unser Leiden. Es ist der Prozess, durch den wir aus dem absoluten Sein herausfallen. Oder biblisch ausgedrückt: Wir werden aus dem Paradies vertrieben.

Wie das Urgefühl entsteht

Wie entsteht nun aber dieses Urgefühl, nicht richtig zu sein, so wie wir sind? War es wirklich schon immer da?

Um eine Antwort auf diese Frage zu finden, müssen wir bis in die frühe Kindheit zurückgehen. Natürlich gab es irgendwann einmal in unserem Leben eine Zeit, in der das Urgefühl, nicht richtig zu sein, noch nicht da war. Eine Zeit, in der wir absolut eins mit uns und mit allem waren. Ein vollständiges Aufgehobensein oder auch Angenommensein ohne Worte.

Doch als Baby sind wir unserer Umwelt bedingungslos ausgeliefert. Es ist notwendig, dass in der Regel Mutter und Vater auf uns und unsere Bedürfnisse angemessen eingehen. Wenn wir in der frühesten Kindheit, in der wir vollkommen abhängig sind, mit Situationen von Haltlosigkeit konfrontiert werden, schützen wir uns durch Anspannung. Wir verkrampfen uns.

Stellen wir uns beispielsweise vor, ein kleines Baby ist für ein paar Wochen von seiner Mutter getrennt. Für ein Baby ist dies ein Zeitraum, der unüberschaubar und damit unüberbrückbar ist. Es weiß nicht, dass die Mutter weg ist, weil es ja noch gar nicht im erwachsenen Sinne denken kann. Aber es fühlt deutlich, hier stimmt etwas nicht.

Dieses „Es stimmt nicht" ist kein Gedanke, sondern ein umfassendes Körpergefühl, das eine Anspannung bewirkt. Wenn diese Anspannung, dieses Gefühl, dass etwas nicht stimmt, längere Zeit anhält oder sich mehrmals wiederholt, wird es verinnerlicht. Es wird zu einem Grundgefühl. Und auch die Anspannung im Körper wird chronisch.

Ein kleines Baby kann noch nicht zwischen sich und der Umwelt, also zwischen ich und du, unterscheiden. Für ein Kind diesen Alters kommt das Gefühl „es stimmt nicht" dem Gefühl gleich „ich stimme nicht".

Und wieder müssen wir uns klar machen, dass dieser Prozess vollkommen ohne Sprache auskommt. Das Kind denkt nicht „ich stimme nicht", zumindest noch nicht in diesem Alter, sondern fühlt Unstimmigkeit.

Dieses „ich stimme nicht" bedeutet nichts anderes als „ich bin nicht richtig, so wie ich bin" oder „ich bin nicht geliebt". Für ein kleines Kind ist dies alles das Gleiche. Es ist ein Urgefühl von Ungeliebtsein und Sich-nicht-angenommen-Fühlen.

Unsere Anstrengung, richtig zu werden

Wenn wir das Urgefühl des Ichs betrachten – das Gefühl, nicht richtig zu sein –, müssen wir uns klar machen, dass es nicht um etwas geht, was einfach nur unangenehm ist. Es ist vielmehr fundamental bedrohlich.

In der Zeit, aus der dieses Gefühl stammt, sind wir so abhängig von der Umwelt, dass die Tatsache, uns nicht angenommen zu fühlen, uns in unserer Existenz bedroht – wir haben Angst, vernichtet zu werden.

Das führt zur Entwicklung einer Scheinidentität, dem Ich, mit deren Hilfe wir unsere wahre Identität, das ursprüngliche Sein, zu schützen suchen. Das Ich versucht, das Urgefühl, nicht richtig zu sein, dadurch zu kompensieren, dass es sich darum bemüht, angenommen zu werden. Dadurch verändert sich unsere Blickrichtung: Wir schauen nicht mehr darauf, was wir sind, sondern darauf, wie wir glauben, sein zu müssen, um von anderen angenommen zu werden. Wir sind nicht mehr innenzentriert und begeben uns dadurch in eine enorme Abhängigkeit von äußerer Bestätigung.

Es ist ein Teufelskreis. Je mehr wir uns anstrengen, irgendwie richtig zu werden, desto mehr haben wir das Gefühl, falsch zu sein, denn sonst müssten wir uns ja nicht anstrengen.

Es gibt unzählig viele Möglichkeiten, die sich unser Ich ausgedacht hat, um endlich angenommen zu werden: lieb und nett zu sein, sich gut darzustellen, leistungsorientiert und erfolgreich zu leben, sich immer um andere zu kümmern, den Vorstellungen von anderen zu entsprechen und vieles mehr. Aber die Wurzel all dieser Anstrengungen und Strategien ist immer unser Urgefühl, nicht angenommen zu sein. Es ist die Basis, auf der sich das Ich mit all seinen Verzweigungen entwickelt.

Wir sind angenommen

Doch unser Ich übersieht dabei, dass es unmöglich ist, Angenommensein durch Anstrengung zu erreichen. Wirkliches Angenommensein kann uns niemand geben. Wir sind es, immer schon. Angenommensein ist ein Aspekt der Seinsebene. Wir sind angenommen, weil wir da sind.

Und in diesem Dasein sind wir zutiefst in Ordnung. Wir sind gut und richtig, so wie wir sind. Es ist ein In-Ordnung-Sein, das nichts mit Vorstellungen zu tun hat. Wir sind nicht in Ordnung, weil wir, so wie wir sind, irgendwelchen Idealbildern entsprechen. Wir sind in Ordnung, weil wir sind. Dies ist ein grundlegendes Angenommensein, das nichts mit unseren üblichen Vorstellungen von gut oder schlecht, von richtig oder falsch zu tun hat.

Angenommensein hängt nicht davon ab, ob uns ein anderer annimmt oder nicht. Auch nicht davon, ob wir uns selbst annehmen oder nicht. Das ist ein wichtiger Punkt, den wir häufig nicht bemerken. Wir erkennen vielleicht bereits, dass es nicht darum gehen kann, dass uns andere annehmen. Aber immer noch sind wir der festen Überzeugung, wir müssten uns selbst annehmen.

Angenommensein ist jedoch noch viel grundlegender als Selbstannahme. Wir können dieses Angenommensein nicht dadurch berühren, dass wir uns annehmen, sondern nur durch die tiefe Erkenntnis, dass wir angenommen sind.

In der Natur können wir dieses grundsätzliche In-Ordnung-Sein viel leichter erkennen. Ein Baum ist in seiner jeweiligen Gestalt zutiefst in Ordnung, auch wenn er dem Gärtner in seinem Wuchs vielleicht missfällt. Wie viel schwerer erkennen wir das, wenn wir auf menschliche Ausdrucksformen schauen? Und wie schwierig ist es, das in Bezug auf uns selbst zu sehen?!

Für dieses Angenommensein gibt es absolut nichts zu tun. Wir sind es bereits. Wenn wir wirklich erkennen, dass wir immer schon richtig waren, werden wir aufhören, uns anzustrengen, und das bedeutet nichts anderes, als die Verkrampfung unserer fühlenden Aufmerksamkeit aufzugeben. Dies bringt eine tief gehende Entspannung und Ausdehnung mit sich, ein Gefühl, als würden Tonnen von uns abfallen. Es ist die größtmögliche Freiheit, die wir als Menschen erfahren können: die Freiheit, so zu sein, wie wir sind. Wir können loslassen und einsinken.

Das Ende der Anstrengung

Möglich, dass du dich jetzt fragst: Wie erfahre ich dieses vollkommene Angenommensein? Was kann ich tun dafür?

Die Antwort ist für unser Ich enttäuschend: nichts! Es gibt wirklich nichts zu tun dafür, vollkommen angenommen zu sein. Du bist es. Dein Ich kann es nur nicht glauben.

Geh doch einmal von der (fürs Ich) völlig verrückten Vorstellung aus, dass alles, was geschieht, vollkommen richtig ist, so wie es jetzt gerade geschieht.

RICHARD STIEGLER

Das Einzige, was uns im Wege steht, ist die Überzeugung des Ichs wir müssten etwas tun dafür. Bereits in der Frage steckt wieder unser Urgefühl, im Grunde doch nicht richtig zu sein. Unser Ich denkt: „Das kann doch gar nicht so einfach sein!" Aber es ist so einfach. Wir sind angenommen, ob wir das glauben oder nicht.

Und da das Ich natürlich trotzdem etwas tun möchte, folgender Ratschlag: Was wir tun können, um uns einzustimmen auf das Angenommensein, ist, genau zu betrachten, wie wir uns nicht annehmen. Es geht darum, sich bewusst zu sein, wie wir uns ablehnen, wie wir uns verkrampfen und bewerten.

Und wieder ist das Entscheidende dabei nicht der Versuch, die Ablehnung zu ändern, sondern sie zu sehen. Wir geben der Nicht-Annahme Raum. Jede Bemühung, uns anzunehmen, ist eine erneute Anstrengung und wird uns noch weiter vom Angenommensein entfernen. Je mehr wir uns dessen bewusst werden, wie wir uns nicht annehmen, desto mehr werden wir das Unnötige dieser Anstrengung erkennen und sie lassen.

> **Übung: Wie wir uns nicht annehmen**
>
> Die ersten drei Fragen werden nacheinander mindestens 15 Minuten lang immer wieder gestellt. Hast du die dritte Frage zu einem Aspekt beantwortet, beginnst du wieder mit Frage eins. Auf diese Weise kannst du systematisch erforschen, wie du dich nicht annimmst.
>
> 1. Erforsche, wie du dich nicht annimmst.
> 2. Welche Überzeugung liegt dem zugrunde?
> 3. Was wärst du ohne diese Überzeugung?
> 4. Am Schluss kannst du noch erforschen, wie es wäre, wenn du spüren könntest, dass du zutiefst angenommen bist.

3 Nicht richtig, nicht falsch

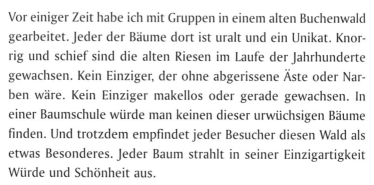

Vor einiger Zeit habe ich mit Gruppen in einem alten Buchenwald gearbeitet. Jeder der Bäume dort ist uralt und ein Unikat. Knorrig und schief sind die alten Riesen im Laufe der Jahrhunderte gewachsen. Kein Einziger, der ohne abgerissene Äste oder Narben wäre. Kein Einziger makellos oder gerade gewachsen. In einer Baumschule würde man keinen dieser urwüchsigen Bäume finden. Und trotzdem empfindet jeder Besucher diesen Wald als etwas Besonderes. Jeder Baum strahlt in seiner Einzigartigkeit Würde und Schönheit aus.

Immer wenn ich in diesem Wald bin, muss ich daran denken, wie viele Menschen sich ständig an Idealbildern messen. Doch ist es nicht gerade der schiefe Wuchs, der einer alten Buche Schönheit verleiht? Wir Menschen dagegen sollen schlank und sportlich, intelligent und fleißig, freundlich und ausgeglichen sein. Wie quälen wir uns mit diesen Idealbildern. Könnten wir doch auch all unsere „Krummheiten" als Ausdruck der Schönheit und Vollkommenheit unseres Wesens erkennen.

Das Ich und das Wesen

Möglich wird das erst, wenn wir von unseren Idealbildern und Wertmaßstäben zurücktreten. Solange wir uns und die Welt durch die Brille eines fest gefügten Wertesystems betrachten, können wir nicht die Vollkommenheit jeder Erscheinung erkennen. Wir sehen dann nur, ob das Leben unseren Werten entspricht, und vergeben Etikettierungen wie wertvoll oder wertlos, richtig oder falsch, gut oder böse.

Werturteile führen zu einer Ablehnung der Eigendynamik des Lebens und verzerren unsere Wahrnehmung. Sind wir von Wertmaßstäben vereinnahmt, können wir das Leben, so wie es ist, nicht mehr sehen. Innere Werte trennen uns ganz maßgeblich von der Offenheit des formlosen Bewusstseins und bringen ein enormes Leidenspotenzial mit sich.

Schließlich verhindern Werte nicht nur, Offenheit und Stille zu berühren, sie verhindern auch, unser Wesen in einer freien Weise zu entfalten. Unser Wesen entspringt unserem natürlichen Sosein und wie eine Buche, wenn sie gelassen wird, immer wie eine Buche wächst und nicht wie eine Palme, so entfaltet sich jeder Mensch auf seine einzigartige Weise im Leben.

Bei den Ureinwohnern Australiens, den Aborigines, heißt es, jeder Mensch folge mit seinem Leben einem inneren Lied. Dieses Lied ist der Ruf unseres natürlichen Wesens und drängt zur Entfaltung. Wie eine Buche sogar unter widrigsten Umständen ihre Buchennatur entfaltet, so drängen uns Menschen unsere Sehnsüchte und Unzufriedenheiten, unserem Lied zu folgen.

Die Berufung zum eigenen Weg gleicht einem halb fertigen Gedicht, das zu Ende geschrieben werden will.

JACK KORNFIELD

Doch die Wertvorstellungen des Ichs widersprechen häufig unserem Wesen und versuchen, es permanent zu beschneiden. Es ist, als ob unser Ich auf uns einreden würde, wir sollten gefälligst eine Palme sein und keine Buche. Eine Palme sei viel wertvoller, viel angesehener und passe besser zur Umgebung. Die Folge ist, dass wir uns schlecht und minderwertig fühlen und uns anstrengen, dem Bild einer Palme zu entsprechen. Gleichzeitig verlieren wir aber immer mehr aus dem Blick, was wir sind: unser Wesen.

Erst wenn wir uns frei machen von Wertvorstellungen und unvoreingenommen und mit echtem Interesse unser Leben und unsere tiefsten Sehnsüchte betrachten, können wir die Melodie unseres Liedes hören und ihr folgen. Erst dann können wir unseren wahren Wert berühren, der in unserem Wesen liegt. Wir leben wieder in unserem Zentrum.

Natürlich ist die spiegelgleiche Offenheit des Bewusstseins nicht berührt davon, ob wir unserem Ruf folgen oder uns mit Wertvorstellungen quälen und unser Wesen verbiegen. Sein ist die Grundlage jeglicher Erscheinung. Aber diese Offenheit wird durch unsere Identifikation mit Werten verstellt.

Um Offenheit und Stille erfahren zu können, ist ein Zurücktreten von der Identifikation mit Wertmaßstäben unumgänglich. Erst wenn wir ohne Urteile uns selbst und das Leben betrachten, werden wir Vollkommenheit darin erkennen.

Unsere Gewohnheit, zu werten

Unsere Werturteile haben eine ungeheure Macht über uns, solange sie unbewusst sind. Dabei müssen wir uns klar machen, dass inneres Bewerten nicht nur hin und wieder stattfindet, sondern ein fast ununterbrochener Vorgang ist, bei dem jedes Gefühl, jeder Impuls, jede Wahrnehmung und jede Begegnung beurteilt und bewertet wird.

Es gibt in der buddhistischen Vipassana-Tradition eine Meditationspraxis, die diesen Strom aus Bewertungen sehr deutlich werden lässt. Man sitzt in der Meditation und bemerkt, was gerade im Fokus der Aufmerksamkeit liegt, z.B. Atem, Hunger,

Unruhe, Geräusch, Knieschmerz, Atem usw. Außerdem macht man sich bewusst, welches Werturteil mit dem jeweiligen Objekt der Aufmerksamkeit verknüpft wird, z.B. Atem = wertvoll, Hunger = wertlos, Unruhe = wertlos, Geräusch = neutral, Knieschmerz = wertlos. Auf diese Weise entwickeln wir eine Sensibilität dafür, wie unsere Urteile permanent den Fluss unserer Erfahrung bewerten und dadurch manipulieren.

Auch jetzt, während du dieses Buch liest, werden ständig Werturteile in dir auftauchen: interessant oder langweilig, bekannt oder neu, sehr empfehlenswert oder kompletter Unsinn – all das sind typische Etikettierungen. Es können auch Urteile auftauchen, die dich selbst betreffen wie „ich bin zu blöd für dieses Buch" oder „das weiß ich alles schon, ich bin richtig gut". Achte während des Weiterlesens einmal auf all deine Werturteile und nimm ihre Wirkung auf dein Erleben wahr.

Wie Werturteile auf uns wirken

Werturteile haben eine starke Wirkung auf unser Erleben. Vor allem dann, wenn wir sie nicht bewusst wahrnehmen und ihnen blindlings glauben. Sofort entsteht eine ganze Palette von positiven und negativen Gefühlen, je nachdem, ob unser innerer Zensor mit uns zufrieden ist oder nicht. Stolz und Minderwertigkeit, Überlegenheit oder Unterlegenheit, Scham- und Schuldgefühle, Schwäche, Misstrauen, Hoffnungslosigkeit, Ekel, Kritikempfindlichkeit und auch Angst vor Verurteilung sind typische Gefühle, die durch innere Werturteile verursacht werden.

Dabei sind wir oft völlig von diesen Gefühlen vereinnahmt und nehmen nicht das Urteil selbst wahr, das diese Gefühle ausgelöst hat. Das Urteil bleibt im Schatten und hat uns dadurch nur umso mehr im Griff. Die Macht von Werturteilen liegt darin, dass sie unbewusst sind und wir sie für wahr halten. So sind wir ihnen ausgeliefert.

Je mehr wir ihnen glauben, desto mehr verstärkt sich auch das Urgefühl des Ichs, nicht richtig zu sein. Dieses Urgefühl bildet die Basis für all unsere Werturteile. Und die Stimmen unserer Werturteile, die permanent auf uns einreden, was konkret falsch an uns ist, bestätigen und zementieren wiederum dieses unbestimmte Gefühl, nicht richtig zu sein. Auf diese Weise bilden Urgefühl und innere Werte zusammen eine fast undurchdringliche Barriere gegen unser grundlegendes Angenommensein. Wenn wir dagegen mit Angenommensein in Kontakt sind, haben Werturteile keine Chance, Macht über uns zu gewinnen.

Das Gefühl, nicht richtig zu sein, bewirkt in uns nicht nur, dass wir uns schlecht fühlen; es hat auch zur Folge, dass wir uns anstrengen, „richtig zu werden". Wir versuchen, den Wertvorstellungen zu entsprechen. So verlassen wir unsere Natürlichkeit und entwickeln alle möglichen Strategien, um es „recht zu machen". Letztendlich drückt sich darin unsere kindliche Hoffnung aus, geliebt zu werden und Anerkennung zu bekommen. Wir glauben, uns nur genügend anstrengen zu müssen, um den Wertvorstellungen gerecht zu werden und in den Augen unserer Vorbilder wertvoll zu sein.

Doch je mehr wir uns anstrengen, desto mehr entfernen wir uns von unserem natürlichen Wesen und von Stille. Sich anzustrengen widerspricht sowohl dem inneren Lied als auch der Natur von Stille.

Das Wesen entfaltet sich von innen her und so, wie es keinen Sinn macht, am Gras zu ziehen, damit es schneller wächst, so kann das Wesen sich nicht durch Anstrengung entfalten, sondern nur durch Vertrauen und annehmende Offenheit.

*Ihr könnt euch selbst nicht wachsen machen;
ihr könnt nur aufhören einzugreifen. Ihr könnt euch
selbst nicht glücklich machen; ihr könnt nur mit
eurem Urteilen aufhören. Wachstum und Ausdehnung
sind natürlich; sie sind die Lebenskraft selbst.
Und man kann ihre Richtung nicht vorhersagen.*

A.H. ALMAAS

Und Stille? Stille ist diese Offenheit und damit das Gegenteil von Vorstellungen und Anstrengung.

Der innere Richter

Verfolgen wir Werturteile zu ihrem Ursprung zurück, bemerken wir, dass sie überwiegend von unseren Eltern und der Gesellschaft übernommen wurden. Es sind Werte, die ursprünglich dazu dienten, das Miteinander zu regeln.

Das ist sinnvoll fürs Zusammenleben. Leider wirken diese Urteile nicht nur als Orientierungshilfe, um uns im sozialen Leben zurechtzufinden und zu lernen, unsere Bedürfnisse und Impulse angemessen aufschieben und kontrollieren zu können. Sie haben auch einen enormen Einfluss auf unser inneres Erleben, da sie den Fluss unseres Erlebens und auch uns als Person permanent bewerten und manipulieren und wir dadurch das Sein aus den Augen verlieren. Unser Selbstwert ist somit eng an diese Werte gekoppelt, jedenfalls solange wir damit identifiziert sind.

Schon früh verinnerlichen wir die Wertmaßstäbe unserer Eltern und der Gesellschaft und bilden dadurch eine innere Instanz aus, die uns künftig unentwegt einredet, welches Verhalten gut und welches schlecht sei. Wie wir sein müssen, um wertvoll zu sein, und wie wir auf keinen Fall sein dürfen, um nicht wertlos zu sein. Schon bald benötigen wir niemanden mehr, der uns belehrt, dass es sozial unverträglich ist, laut aufzustoßen oder wütend herumzuschreien. Wir haben jetzt eine Eltern-Instanz in uns, die unsere Impulse kontrolliert.

Diese innere Instanz, ein Sammelbecken aus übernommenen Urteilen, wird „Über-Ich" oder auch der „innere Richter" genannt. Die Stimme unserer Eltern und der Gesellschaft spricht jetzt in uns.

Aus diesem Grund ist auch der Tonfall dieser Stimme häufig dem unserer Eltern sehr ähnlich. Sie klingt typischerweise mahnend, belehrend, hart, verurteilend, drohend, lobend, vorwurfsvoll oder sogar vernichtend und sehr oft vernünftig. Aber immer ist sie offen oder subtil wertend. Sie ist nicht annehmend und wohlwollend.

Haben die Eltern immer vorwurfsvoll argumentiert, ist die Stimme des Richters entsprechend vorwurfsvoll. Versuchten die Eltern typischerweise an die Vernunft des Kindes zu appellieren, wird auch die innere Stimme sich an unseren gesunden Menschenverstand wenden. Oder waren die Eltern in ihrer Art eher vernichtend, so werden wir auch den inneren Richter als angsteinflößende, übermächtige Figur erleben.

Den Richter erkennen lernen

Wenn wir den Tonfall unseres Richters erkennen lernen, also wie unser Richter typischerweise zu uns spricht, können wir auch leichter bemerken, ob er gerade aktiv ist und auf uns einredet oder nicht. Das ist entscheidend, um den Richter, der meist im Verborgenen wirkt, ans Licht zu holen. Erst wenn wir etwas klar im Licht unserer Bewusstheit sehen, können wir uns darauf beziehen. Sonst haben wir es mit einem unsichtbaren Angreifer zu tun. Wir spüren nur die Wunden, die er uns zufügt, bekommen den Gegner selbst aber nie zu Gesicht.

Wollen wir den inneren Richter entmachen, ist der erste Schritt, seine Werturteile bewusst zu sehen. Das wird nur möglich sein, wenn wir unsere Blickrichtung ändern: Wir schauen nicht mehr auf die Gefühle, die der Richter erzeugt, wie Wertlosigkeit, Scham oder Stolz, sondern wir achten auf die Stimme, die diese Gefühle verursacht. Dadurch bringen wir den unsichtbaren Angreifer ans Licht.

Urteile sind Vorstellungen

Ein weiterer Schritt, den Richter zu entmachen, ist, zu erkennen, dass Werturteile keinerlei Wahrheitsgehalt besitzen, sondern lediglich Vorstellungen sind.

Werturteile sind nichts anderes als Überzeugungen einer bestimmten kulturellen oder familiären Perspektive. Sie sind nicht wahr und nur teilweise allgemeingültig. Es gibt immer Menschen, die eine gegenteilige Perspektive einnehmen werden. Wenn wir beispielsweise verinnerlicht haben, dass man nicht wütend sein darf, da man sonst ein schlechter Mensch sei, ist dies eine Überzeugung, die dazu dient, das Verhalten eines Menschen zu regeln. Es ist jedoch nicht wahr, dass man dadurch ein schlechter Mensch ist. Wut ist eine Erscheinung, die ohne unseren Einfluss kommt. Auch wenn wir wählen können, wie wir mit unserer Wut umgehen, haben wir dennoch keine Kontrolle darüber, dass wir wütend sind.

Dieses Universum hat offensichtlich eine große Toleranz für sogenannte negative Gefühle wie Wut, Hass, Niedergeschlagenheit oder Schmerz, sonst würde es sie nicht hervorbringen. Aus einer moralischen Perspektive könnten wir behaupten, dass es diese Gefühle nicht geben sollte. Aber das wäre eine sehr begrenzte Perspektive, und darüber hinaus hat sie keinerlei Bezug dazu, wie vielfältig sich Leben tatsächlich manifestiert.

Werturteile entsprechen immer bestimmten Vorstellungen in einem bestimmten Kontext. Verlassen wir den Kontext, gelten andere Maßstäbe. Das wird deutlich, wenn wir in andere Länder reisen und mit fremden Sitten und Gebräuchen konfrontiert sind. In den Niederlanden ist es zum Beispiel typisch, dass der Gast zum Kaffee nur einen Keks angeboten bekommt. Dann wird die Keksdose wieder weggeräumt. In Deutschland würde dasselbe Verhalten als sehr unfreundlich und geizig erscheinen. Demnach sagen Werturteile immer nur etwas über den Kontext aus, in dem diese Urteile entstanden sind. Sie haben aber keine Aussagekraft über diesen Kontext hinaus und besitzen keinen Wahrheitsgehalt.

Genauso sagen auch Werturteile, die wir abgeben, mehr über unsere Perspektive aus als über den Wert dessen, was von uns beurteilt wird. Wenn ich zum Beispiel durch eine Galerie gehe, werden mich manche Bilder ansprechen und ich werde sie als „wertvoll" empfinden und andere wiederum nicht. Sagen meine Gefühle etwas über den tatsächlichen Wert dieser Bilder aus? Es ist nur meine persönliche Perspektive.

Ein Großfürst wollte die Zuverlässigkeit seiner Berater testen und ließ dazu in der Wüste ein großes Zelt aufschlagen, in dessen Mitte ein Elefant geführt wurde. Dann beauftragte er seine vier Berater, mit Augenbinden in das Zelt zu gehen, um herauszufinden, was in seinem Inneren verborgen sei.

Der Erste ging von Norden in das Zelt und bekam den Rüssel des Tieres zu fassen. Der Zweite betrat das Zelt von Süden und erwischte den Schwanz des

Elefanten. Der Dritte kam von Osten und ertastete sein Bein, während der Vierte, von Westen kommend, seinen Stoßzahn erwischte. Als nun die vier Weisen dem König berichten sollten, was sie im Zelt vorgefunden hatten, war der Erste überzeugt davon, eine mächtige Schlange sei in dem Zelt. Der Zweite lachte und sagte, das sei doch nur eine dünne Schnur mit einer Quaste gewesen. Da erklärte der Dritte die beiden anderen für verrückt, schließlich habe sich doch ein starker Baumstamm in dem Zelt befunden, worauf der Vierte sofort widersprach und behauptete, einen riesigen Speer vorgefunden zu haben.

Der Großfürst aber entließ alle Vier und ritt auf dem Elefanten davon.

ANONYMUS

Werturteile sind immer relativ und haben nur eine Aussagekraft über den Kontext, in dem sie entstehen und in dem sie einen gewissen Sinn haben. In der Elefantengeschichte entspricht jede Aussage der vier Weisen einer sehr eingeschränkten Perspektive und wird nur verständlich, wenn wir sehen, aus welcher Perspektive sich die Weisen dem Elefanten nähern. Genauso verhält es sich mit der Betrachtung eines Gemäldes oder der Beurteilung eines Menschen. Das einzig Interessante an Werturteilen ist, dass wir einen Einblick in die Welt erhalten, aus der dieses Urteil stammt. Wir erfahren etwas über den Urteilenden.

Können wir das klar sehen, werden wir durch Verurteilungen anderer nicht mehr so leicht verletzt sein, sondern eher interessiert reagieren können. Was hat es mit der Welt der anderen Person zu tun, dass sie mich abwerten muss?

Natürlich ist damit nicht gemeint, Kritik von anderen nicht mehr ernst zu nehmen. Aber die Bewertung darin brauchen wir nicht auf uns zu beziehen. Sie ist Ausdruck der inneren Welt des anderen.

Wenn wir den Kontext betrachten, in dem Werturteile entstanden sind, können wir Sichtweisen und Urteile besser verstehen. Das erweitert unsere Perspektive. Je mehr wir uns öffnen können für unterschiedliche und auch widersprüchliche Perspektiven, desto mehr lösen wir uns aus der Enge unserer eigenen Sichtweisen und Wertvorstellungen. Wir machen unseren Geist geschmeidig und offen.

> **Übung: Gegenposition einnehmen**
> 1. Lass eine Überzeugung in dir auftauchen (beispielsweise zum Thema Liebe, Freundschaft, Sexualität, Geschlechterrollen, Glück, Wahrheit, ...)
> 2. Was sagt diese Überzeugung über die Welt aus, aus der sie stammt?
> 3. Was ist richtig (nicht moralisch richtig, sondern für dich stimmig) an der gegenteiligen Position?

Den Urteilen Raum geben

Entlarven wir Urteile als bloße Vorstellungen, verlieren sie automatisch ihre Macht. Stell dir vor, du wanderst durstig durch die Wüste und plötzlich siehst du Wasser vor dir. Was für eine Macht hat diese Erscheinung! Doch in dem Augenblick, in dem du die Erscheinung als Fata Morgana erkennst, verliert sie sofort ihre Anziehung. Genauso ist es mit den Urteilen.

Dazu ist es aber notwendig, dass wir innere Werturteile zulassen, ohne sie auszuagieren oder mit unserem Richter darüber zu diskutieren. Innere Diskussionen sind Rechtfertigungen, die den Urteilen noch mehr Macht geben. Es ist, als würden wir mit unseren Eltern diskutieren. Da wir abhängig von ihnen waren, konnten wir sie nicht abschütteln. Durch eine Diskussion erkennen wir die Macht der Eltern an und bestätigen sie. Genauso stärken wir unseren Richter, wenn wir uns rechtfertigen. Wenn wir jedoch den Urteilen Raum lassen und beobachten, wie diese in unserem Bewusstsein erscheinen und wieder vergehen, lenken wir unsere Aufmerksamkeit auf das Bewusstsein selbst.

Es geht also nicht darum, auftauchende Werturteile zu ändern oder sie loszuwerden. Wesentlich ist, sie klar als Urteile zu erkennen und ihnen Raum zu geben, ohne sich weiter auf sie zu beziehen. Werturteile kommen und gehen wie andere Erscheinungen auch. Durch das Raumgeben und das Nichteingreifen verbinden wir uns mit unserer grundlegenden Offenheit.

Weit weg von unseren Vorstellungen
über richtig und falsch
ist ein Feld.
Ich treffe dich dort.

    DSCHELALEDDIN RUMI

Offenheit ist jenseits von Werturteilen. Offenheit gibt allem Raum, was ist, gleich, ob es unserem inneren Richter gerade gefällt oder nicht. Auch den Werturteilen des Richters wird Raum gegeben. Erst wenn wir uns nicht mehr vereinnahmen lassen von den inneren Urteilen, sondern sie einfach als Vorstellungen erkennen, berühren wir eine Offenheit, die jenseits von richtig und falsch, von gut und böse, von wertvoll und wertlos liegt. Es ist die

Offenheit des Bewusstseins, die wahrnimmt, ohne berührt zu sein und ohne sich einzumischen.

Unsere Suche nach dem Ideal

Der innere Richter hat kein Interesse an dieser Offenheit. Er hat klare Vorstellungen darüber, wie wir und das Leben sein sollen, und versucht, uns und andere zu manipulieren. Dabei benützt der Richter wie ein Eseltreiber zwei Strategien. Ein Eseltreiber hat zwei Möglichkeiten, einen störrischen Esel voranzutreiben: Er kann den Stock benützen, um ihn mit Schlägen voranzutreiben, und er kann ihn mit Futter locken.

Auf dieselbe Weise manipuliert uns der Richter, um uns seine Vorstellungen aufzuzwingen. Einmal prügelt er uns mit Vorwürfen und Abwertungen wie „Aus dir wird nie etwas!", „Sei nicht so faul!", „Nimm dich nicht so wichtig!", und dann wieder lockt er uns mit Idealbildern, die uns vorgaukeln, dass wir als „perfekter Mensch" Anerkennung bekommen und geliebt werden.

Idealbilder sind wie eine Karotte, die man dem Esel an einem langen Stock vor die Nase bindet. Der Esel sieht die Karotte immer vor sich, aber er kann sie niemals erreichen. Idealbilder sind niemals erreichbar, sonst wären sie nicht ideal. Sie sind eben Bilder und keine Wirklichkeit.

Idealbilder wurzeln in der Idee von Perfektion. Sie suggerieren, dass es Perfektion gibt und dass wir diese erreichen sollen und auch können. Die Idee der Perfektion stellt für unser Ich eine riesige Verlockung dar, weil damit die Vorstellung von Wert verknüpft ist. Wenn wir perfekt wären oder perfekt handeln könnten, so denken wir, dann wären wir „wirklich" wertvoll. So glauben wir die Anerkennung zu bekommen, nach der unser Ich hungert.

Ständig wird in unserer Kultur die Idee von Perfektion genährt. Der Sportler, der Olympiasieger wird, ist der Größte. Die Siegerin einer Miss-Wahl kommt in die Presse. Eine erfolgreiche Managerin ist hoch angesehen. Immer wenn jemand scheinbar perfekt ist, bekommt er die größte Anerkennung. Sein Wert wird hochgehalten.

Da unser Ich nach Bestätigung für seinen Wert sucht und Wert mit Perfektion verknüpft, suchen wir uns Ideale, denen wir nacheifern. Schon als Kind haben wir Idole, die für uns das Ideal verkörpern. Menschen oder Ereignisse, die uns beeindrucken, werden zu unseren Vorbildern. Wir wollen so mutig wie Winnetou sein, so schön, frech und unabhängig wie eine Popsängerin oder so voller Liebe und Hingabe an die Menschen wie Jesus.

Dabei kann man beobachten, dass nicht alle Menschen sich von den gleichen Idealen angezogen fühlen. Das liegt an unseren individuellen Wesenseigenschaften, an unserem persönlichen Lied. Personen oder Ereignisse, die unserem individuellen Wesen am ähnlichsten sind, rühren an unser inneres Lied und lösen eine tiefe Sehnsucht aus. Die Sehnsucht, unser natürliches Wesen zu verwirklichen. Schwingt unser Wesen stark bei einem Ereignis oder mit einer Person mit, formt sich ein Idealbild, dem wir nacheifern.

Eigentlich suchen wir uns selbst, die Verwirklichung unseres Wesens, aber da wir uns ein Zerrbild von dieser Verwirklichung schaffen, jagen wir einem Phantom nach und messen ständig unseren Wert an diesem. Das führt zu einer enormen Anstrengung, perfekt zu werden im Sinne unseres Idealbildes. Gleichzeitig leben wir nicht in der Gegenwart und sind nicht in Kontakt damit, wie sich unser Lied tatsächlich in diesem Moment entfalten will.

Vollkommenheit und Perfektion

Auf diese Weise vertauschen wir die Vollkommenheit unseres Wesens mit einem Bild von Perfektion. Wir verwechseln wahren Wert, der in unserem Sosein liegt, mit einem Scheinwert, der in der Verwirklichung eines Idealbildes liegt.

Vollkommenheit und Perfektion sind zwei grundverschiedene Qualitäten. Vollkommenheit wurzelt im Sein, während Perfektion aus dem Reich der Vorstellungen stammt und eine Illusion ist.

Eine Rose ist vollkommen in ihrem einzigartigen Sosein und nicht, weil jemand sie schön findet. Aber ist sie perfekt? Nein. Jede ist anders und manches Blatt ist verwelkt. Aber wenn wir frei von Vorstellungen die Natürlichkeit einer Rose sehen, werden wir sie als vollkommen sehen können. Vollkommen in dem, wie sie ist. Die Vollkommenheit des Seins schließt Nichtperfektion mit ein.

Wenn wir ein neugeborenes Baby im Arm halten, können wir die Vollkommenheit des Seins sehr leicht berühren. Wir spüren das Wunder der Lebendigkeit. Dieses Baby ist vollkommen. Wir betrachten das Kind noch unvoreingenommen und sind wirklich offen. Je älter es aber wird, desto mehr mischen sich unsere Vorstellungen ein, wie das Kind sein soll, und wir verlieren die Vollkommenheit des Kindes, die natürlich immer noch da ist, aus dem Blick. Allmählich überlagern unsere Idealvorstellungen unsere Offenheit.

Wie tragisch ist es, dass wir unsere Kinder, die wir lieben, die meiste Zeit nur durch die Brille unserer Ideale sehen und uns dadurch mit ihnen in einem endlosen Kleinkrieg verstricken, statt sie unvoreingenommen und mit Liebe zu betrachten. Und wie traurig ist es, dass wir nur selten unsere eigene Vollkommenheit wahrnehmen.

Jeder Mensch ist eine einzigartige Medizin.
Er trägt etwas einzigartig Heilendes in sich –
für sich selbst, für die anderen und für die Erde.

NORDAMERIKANISCHE INDIANER

Spirituelle Werte

Natürlich gibt es auch eine Menge spiritueller Ideale, denen wir nachjagen. Wir versuchen, ein freundlicher oder hilfsbereiter Mensch zu sein. Wir idealisieren Weisheit und Erleuchtung. Wir möchten so sein wie Jesus, wie Buddha oder wie unsere Meisterin. In all diesen Bildern spiegelt sich unsere Sehnsucht, ein vollendeter Mensch zu sein.

Viele spirituelle Werte werden schon als Kind geprägt. Sie sind Ausdruck der Religion und des spirituellen Verständnisses unserer Eltern. Aber auch später noch, wenn wir uns als Erwachsene von einer spirituellen Richtung oder Praxis angezogen fühlen, verknüpfen sich damit immer bestimmte Ideale, die wir verinnerlicht haben und die wir erreichen wollen.

Dabei müssen wir uns klar machen, dass jedes Idealbild einer spirituellen Schule, und sei es noch so edel oder gut, nichts anderes als ein Bild ist. Wenn wir ihm nachstreben, grenzen wir immer das in uns aus, was nicht diesem Bild entspricht. Wir streben Perfektion an und verneinen das scheinbar Unperfekte. Wir verleugnen damit unsere Ganzheit und grenzen unsere Offenheit ein. Etwas anzustreben ist das Gegenteil von Offenheit und Annahme.

Im Extremfall führt das zu einem Fanatismus, wie wir ihn häufig in fundamentalistischen Religionsgemeinschaften finden. Was nicht in das Idealbild passt, hat den Stempel des Bösen, das ausgemerzt werden muss, und zwar nicht selten mit Mitteln der Gewalt. Aber auch im Kleinen finden wir viele Beispiele, wie wir uns selbst und andere für unsere Unvollkommenheiten bewerten und bestrafen.

Es ist nicht das Vollkommene, sondern das
Unvollkommene, das unserer Liebe bedarf.

OSCAR WILDE

Es ist also auch auf dem spirituellen Weg notwendig, wach zu bleiben für Ideale, die uns immer wieder vereinnahmen. Erst wenn wir sie bemerken und davon zurücktreten, können wir uns wieder an Offenheit anbinden. Offenheit nimmt das Leben in seiner Vielfalt und Widersprüchlichkeit an und kann es daher in seiner Ganzheit und Vollkommenheit sehen.

> Übung: **Spirituelle Werte**
> 1. Wie glaubst du sein zu müssen, um ein guter, reifer oder spiritueller Mensch zu sein? (15 Min.)
> 2. Was ist richtig daran, unperfekt zu sein? (5 Min.)

4 Nicht-Tun

Manchmal liege ich in meiner Hängematte und betrachte über mir die Blätter, wie sie sich im Wind raschelnd bewegen. Ich sehe sie tanzen und empfinde in ihrer Bewegung eine tiefe Stille. Eine lebendige Stille.

Da ist kein Sich-Wehren, kein Diskutieren, kein Wollen und keine Anstrengung. Blätter sind im Einklang mit dem Wind und der Bewegung. Selbst wenn sie abgerissen werden, sind sie im Einklang und der Tanz geht weiter.

Stille ist keine Bewegungslosigkeit, nichts Totes. Sie kann inmitten von Lebendigkeit berührt werden. Im Rascheln der Bäume, im Tosen eines Wasserfalles, im Ruf eines Vogels ist Stille, da all diese Lebendigkeit im Einklang mit der natürlichen Bewegung des Lebens ist. Im Einklang gibt es keine Vorlieben und kein Reagieren. Einklang ist Stille und Offenheit.

Im Einklang sein

Auch wir Menschen sind manchmal im Einklang mit den Dingen und können inmitten unserer Lebendigkeit Stille berühren. Wir handeln, aber nicht aus einer Vorliebe heraus. Leben fließt durch uns und wir lassen es zu, ohne es in alte Verhaltensmuster zu pressen. In diesen Momenten sind wir frei und offen. Wir öffnen uns dem Lebensfluss, ohne ihm eine Richtung aufzuzwingen oder Hindernisse in den Flusslauf zu stellen.

Genau genommen lösen wir uns in diesen Momenten auf. Es gibt nur noch den Fluss. Das, was uns auszumachen scheint, unsere Vorstellungen und Vorlieben, unsere Ziele und unsere Kontrollversuche, verschwindet und wir überlassen uns ganz diesem Fließen.

Viele Menschen kennen diese magischen Momente, sich im Fluss der augenblicklichen Lebendigkeit aufzulösen. Musiker erleben Momente von vollständigem Eintauchen im Klang. Sportler kennen die Glückseligkeit, nur noch Bewegung zu sein. Und auch in der Meditation geschieht es immer wieder für Momente, dass wir loslassen, uns überlassen und es atmet. Da ist nur noch die Atembewegung, niemand, der atmet. Ein Einswerden mit der Lebendigkeit des Atmens.

Wenn du dich mir stetig näherst und dies mit ganzer Hingabe tust, bis du eins wirst mit meiner Liebe, dann bin ich das Ohr, mit dem du hörst, das Auge, mit dem du siehst, die Hand, mit der du greifst, der Fuß, mit dem du gehst.

SUFI-TRADITION

Momente des Einsseins sind wunderbar und erfüllend. Wir versuchen vielleicht sogar, sie immer wieder in der Musik oder im Sport oder in der Meditation zu berühren. Das bedeutet jedoch nicht zwangsläufig, dass wir erkennen, was uns in diesen Augenblicken erfüllt. Wir erkennen die Stille nicht, die in diesen Momenten wirkt. Ganz einzutauchen in eine Bewegung ist nur möglich, wenn wir still sind. Wenn wir absolut offen sind und frei von persönlichen Vorlieben.

In diesen kostbaren Momenten von Einssein ist Stille da. Man könnte daher sagen, Stille ist das Herz dieser Momente. Leider schauen wir meist nur auf die Bewegung oder den Klang oder den Atem und verkennen das, was eigentlich wirkt. Also schlussfolgern wir, es sei der Sport, die Musik oder das Atmen, die uns erfüllen, und wir begreifen nicht, dass es eigentlich die Stille ist, die uns ganz eintauchen lässt in den Fluss des Lebens.

Erst durch Stille ist Fülle erfahrbar. Sind wir ganz offen, spielt der jeweilige Ausdruck der Lebendigkeit keine Rolle. Ob es dann Musik ist, Sport oder Atmen, ist nebensächlich. Erfüllung kommt nicht aus der Lebendigkeit, sondern aus der Stille und dem Einklang mit dem jeweiligen Geschehen.

Kürzlich begleitete ich eine Frau, die wenige Tage zuvor einen Verkehrsunfall hatte. Sie war bis auf ein paar Prellungen unverletzt geblieben. Aber sie befand sich in einem Zustand, in dem ihr ständig Tränen übers Gesicht liefen. Trotzdem machte sie nicht den Eindruck, als weine sie aus einem seelischen Schmerz heraus. Es wirkte auf mich eher wie ein Loslassen. Also fragte ich sie, was sich denn gut an den Tränen anfühlen würde, worauf sie plötzlich bemerkte, dass eine tiefe Ruhe in ihr war. Ein Friede, den sie sonst in ihrem Leben immer vermisste. Durch den Unfall waren ihr üblicher innerer Antreiber und ihre Verhaltensmuster plötzlich zum Stillstand gekommen. Sie war eingetaucht in innere Stille, ohne es selbst zu bemerken, da sie nur auf das Weinen schaute. Und auch ihr Partner, der sehr liebevoll mit ihr war, hatte nur die Tränen gesehen und sich Sorgen gemacht. Die ungewöhnliche Stille, in der sich seine Partnerin befand, blieb unbemerkt.

Zweierlei Leiden

Leider sind wir häufig nicht im Einklang mit dem Lebensfluss. Zahlreiche Vorlieben lassen uns mit dem Augenblick kämpfen. Ständig wollen wir etwas oder wir wollen etwas nicht. Es ist, als ob wir versuchten, den Lebensfluss in einen Kanal zu pressen und zu begradigen. Er sollte möglichst nur nach unseren Vorstellungen fließen, in Richtung unserer Ziele.

Dieses Kämpfen ist uns meist nicht bewusst. Bewusst ist uns nur die Anstrengung, die damit einhergeht, und das Gefühl, dass das Leben aus vielen Problemen bestehe. Immer wieder kümmert das Leben sich nicht um unsere Vorlieben. Solange wir es aus der Perspektive unserer Vorlieben und Ziele betrachten, erscheint es uns als eine Abfolge von Hindernissen und Schwierigkeiten.

Etwa ein Drittel menschlichen Unglücks ist unvermeidlich, während die anderen zwei Drittel durch den verhängnisvollen Versuch entstehen, das erste Drittel zu vermeiden.

ALDOUS HUXLEY

Das erste Drittel menschlichen Leidens, von dem Huxley spricht, sind Leiden, die sich aus der Vergänglichkeit aller Erscheinungen ergeben. Körperlicher Schmerz, Krankheit und Verlust sind natürlich und unvermeidlich. Auch ein Erleuchteter hat Zahnschmerzen und stirbt. Diese Art des Leidens könnten wir primäres Leiden nennen. Es ist unserem Menschsein immanent und im Grunde unpersönlich, auch wenn wir es oft sehr persönlich nehmen.

Die beiden anderen Drittel jedoch (und vielleicht ist es noch viel mehr) ergeben sich aus unseren Vorlieben. Je mehr Vorlieben wir haben und je größer unsere Identifiziertheit damit ist, desto größer ist auch unser Leiden. Dieses Leiden ist sekundär und vermeidbar. Es ist hausgemacht. Da wir eine Vorliebe haben, die nicht mit der Wirklichkeit im Einklang ist, wehren wir uns gegen die Gegenwart und reagieren.

Wer meditiert, kennt dieses Phänomen gut. Plötzlich tritt in der Meditation ein Schmerz im Rücken auf. Er wird stärker und vielleicht sogar unerträglich. Du hast das Gefühl, du musst dich bewegen. Du fängst an, auf dem Platz hin- und herzurutschen, um den Schmerz loszuwerden, aber es wird immer schlimmer. Du schielst nach der Uhr und siehst, es sind noch immer zehn Minuten, bis die Glocke schlägt. Da fügst du dich in dein Schicksal und ergibst dich dem Schmerz – und zu deiner Überraschung ist er verschwunden. Der Schmerz war nichts anderes als ein Sich-Wehren gegen das Stillsitzen.

In der Behandlung von Schmerzpatienten weiß man schon lange, dass Schmerz immer aus zwei Komponenten besteht: aus dem Schmerz und dem Sich-Wehren dagegen, also unserer Reaktion auf den Schmerz. Das Sich-Wehren lässt einen Schmerz ins Unermessliche steigen. Ergeben wir uns, ist nur noch der ursprüngliche Schmerz da.

Es gibt also zweierlei Leiden: primären Schmerz, der unvermeidlich ist und unsere Reaktion darauf, die zusätzliches Leiden schafft und durchaus vermeidbar wäre. Nur auf dieses sekundäre Leiden bezieht sich Buddha, wenn er in den Vier Edlen Wahrheiten davon spricht, dass es einen Weg gibt, Leiden zu überwinden. Freiheit von Leiden bedeutet demnach nicht, keine unangenehmen Empfindungen mehr zu haben, sondern nicht mit Vorlieben identifiziert zu sein.

Innehalten

Um aus diesem selbst verursachten Leiden herauszukommen, gibt es nur einen Weg: uns unserer Vorlieben bewusst zu werden und davon zurückzutreten. Das ist jedoch gar nicht so leicht, da wir meist eine starke Gewohnheit haben, die äußeren Umstände für unser Leiden verantwortlich zu machen und nicht unsere Vorliebe. Wollen wir daher frei werden von sekundärem Leiden, braucht es zuallererst eine Änderung unserer Perspektive: nicht mehr auf die scheinbare Schwierigkeit zu schauen, sondern auf unsere Vorliebe, die sich darin verbirgt.

> *Es gibt kein Hindernis, das man nicht zerbrechen könnte, denn das Hindernis ist nur des Willens wegen da, und in Wahrheit sind keine Hindernisse als nur im Geist.*
>
> Jüdisches Sprichwort

Wenn wir diese Perspektive einnehmen, wird jedes Problem und jeder Konflikt in unserem Leben zu einer Gelegenheit, eine Vorliebe ans Licht zu holen und ein wenig freier zu werden. Dabei geht es nicht darum, die jeweilige Vorliebe zu ändern oder sie zu eliminieren, sondern sie zu sehen. Wenn wir die Begrenztheit einer Vorliebe klar erkennen, sind wir nicht mehr davon bestimmt, und unsere Perspektive kann sich weiten.

Diesen Vorgang, eine Vorliebe zu erkennen und nicht ihr entsprechend zu handeln, nennt man Nicht-Tun. Im Nicht-Tun halten wir mit der jeweiligen Reaktion inne und gehen tiefer in Kontakt mit der unerwünschten Gegenwart. Das läuft natürlich unserer automatischen Reaktion zuwider, denn diese will das Unerwünschte loswerden und nicht tiefer damit in Kontakt treten. Trotzdem kann sich im Nicht-Tun spontan unsere Perspektive weiten, und wir entspannen uns ins Jetzt hinein. Wir sind wieder im Einklang.

> *Der Weise wirkt durch Nicht-Tun.*
>
> Laotse

Die Reaktionskette

Um Nicht-Tun noch besser zu verstehen, möchte ich das Modell der Reaktionskette einführen, das aus dem buddhistischen Modell der „12 Glieder des bedingten Entstehens" abgeleitet ist.

Die Reaktionskette besteht aus vier Schritten, die folgerichtig aufeinander aufbauen und das Grundmuster von automatischen Reaktionsabläufen veranschaulichen (siehe Modell S. 83). Der erste Schritte ist der Kontakt und besagt, dass wir aufgrund unserer Sinne in jedem Augenblick mit etwas Äußerem oder Innerem in Kontakt sind. Es ist ausgeschlossen, in einem Moment nicht in Kontakt zu sein.

Im zweiten Schritt entsteht automatisch ein Gefühl dazu. Jedes In-Kontakt-Sein bringt eine Gefühlsfärbung mit sich. Es ist für uns angenehm, neutral oder unangenehm. Ob etwas als angenehm oder unangenehm erfahren wird, hat viel mit prägenden Erlebnissen und inneren Sichtweisen zu tun. Hast du zum Beispiel negative Erfahrungen mit Nähe gemacht, erlebst du wahrscheinlich eine Umarmung spontan als etwas Unangenehmes.

Aus der Gefühlsfärbung erwachsen nun im dritten Schritt unsere Vorlieben. Es entsteht Verlangen oder Aversion. Da wir uns grundsätzlich nach Angenehmem sehnen und Unangenehmes ablehnen, entsteht ein Handlungsimpuls als innere Reaktion. Eine Reaktion beinhaltet immer eine Abwehr gegen das Augenblickliche und daher Kampf, Anspannung und Anstrengung. Außerdem ist unsere Sicht in der Reaktion stark eingeschränkt. Wir erleben das Jetzt nur noch aus der Perspektive unserer Vorliebe.

Der Handlungsimpuls führt im vierten Schritt folgerichtig zu einer Handlung, allerdings aus unserer Vorliebe heraus. Es ist damit eine abwehrende Handlung, die nicht im Einklang ist. Wir sind absorbiert von der Reaktion und haben keine Möglichkeit, Stille zu erfahren.

DIE REAKTIONSKETTE

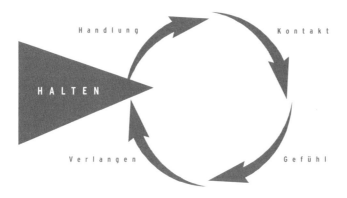

Diese Reaktionskette ist ein sich ständig wiederholender innerer Vorgang, der unser Leben bestimmen kann. Wir treffen beispielsweise jemanden, der ohne Punkt und Komma redet (Kontakt). Sofort stellt sich ein unangenehmes Gefühl ein, nicht gesehen zu werden (Gefühl), und das Verlangen, möglichst schnell den Kontakt abzubrechen (Verlangen mit Handlungsimpuls). Wir stehlen uns mit einer Ausrede davon und versuchen, in Zukunft einen weiten Bogen um diese Person zu machen (Handlung). Bis wir auf die nächste Person stoßen, die ohne Punkt und Komma redet.

Reaktionen bringen niemals eine Lösung im Sinne innerer Freiheit. Im Gegenteil. Sie bestätigen unsere Sichtweisen und verfestigen sich zu automatischen Gefühls-, Denk- und Handlungsmustern, die es uns immer schwerer machen, in der Gegenwart zu sein und damit Probleme erzeugen. Würden unsere Vorlieben tatsächlich in die Freiheit führen, wären wir alle schon längst glücklich und zufrieden.

Eine Lücke schaffen

Die Reaktionskette läuft wie ein Uhrwerk ab. Wollen wir mehr Bewusstheit für unsere Reaktionen bekommen, brauchen wir eine Methode, die uns unterstützt, die Automatik zu unterbrechen – das bewirkt Nicht-Tun.

Mit dem Nicht-Tun setzen wir geschickt an dem einzigen Punkt in der Reaktionskette an, an dem wir eine Wahl haben: die Handlung. Wir können nichts dagegen tun, dass wir in Kontakt sind und auch unsere Gefühle und unsere Vorlieben entstehen automatisch, aber wir haben mit zunehmender Bewusstheit die Möglichkeit, nicht mehr automatisch zu handeln. Dadurch, dass ich dem Handlungsimpuls nicht folge, sondern an dieser Stelle innehalte, entsteht eine Lücke in der automatisch ablaufenden Reaktionskette. Eine Lücke ist ein Raum für mehr Bewusstheit. Erst wenn Raum entsteht, können wir vollständig wahrnehmen. Wir können uns unserer Vorliebe bewusst werden und uns öffnen für das Augenblickliche.

Richtig verstanden beinhaltet Nicht-Tun weder ein Unterdrücken der Reaktion noch ein Ausagieren. Wir bewegen uns auf dem schmalen Grat dazwischen. Durch das Innehalten schaffen wir einen Raum für mehr Wahrnehmung und tieferen Kontakt.

Bildlich gesprochen hat uns zunächst die Reaktion im Griff. Wir schauen ganz durch die Brille unserer Vorliebe auf das Jetzt. Im Nicht-Tun werden wir uns der Brille bewusst. Wir sehen die Brille und ihre Begrenztheit und können dadurch tiefer und offener das Jetzt wahrnehmen.

In unserem Beispiel von oben hieße das, zu bemerken, wie unangenehm es uns ist, „niedergeredet" zu werden, und wie das Verlangen entsteht, sich davonzumachen, es aber nicht zu tun. Wir bleiben in der Situation und nehmen sie erst einmal tiefer wahr. Wir bemerken unsere Vorliebe und das Gewohnheitsmuster, möglichst unauffällig aus dem Kontakt zu gehen. Und wir bemerken darin vielleicht auch unsere Angst, ehrlich zu sein und in einen Konflikt zu geraten. Vielleicht können wir auch die andere Person tiefer wahrnehmen und in ihrem Redeschwall ein verzweifeltes Bemühen um Aufmerksamkeit sehen. Und plötzlich ergibt sich aus dem Annehmen der ganzen Situation eine andere Handlung, vielleicht ein ehrliches Gespräch.

Diese Handlung ist keine Reaktion im Sinne einer Abwehr und beinhaltet keine Automatik, sondern entsteht aus Offenheit und Annahme. Wir beziehen uns auf das gegenwärtige Geschehen.

Den Lebensfluss unterstützen

An diesem Beispiel wird noch ein weiterer wichtiger Aspekt sichtbar. Nicht-Tun darf nicht verwechselt werden mit nichts tun. Oft bedeutet es sogar erst recht, zu handeln, nämlich dann, wenn es unsere Vorliebe ist, nicht zu handeln. In unserem Beispiel haben wir die Vorliebe, nicht ehrlich zu konfrontieren. Wir vermeiden mit der Reaktion eine Handlung. Daher bedeutet hier Nicht-Tun, diese Vermeidung wahrzunehmen und zu handeln.

Das Innehalten bezieht sich nur auf die Handlung, die aus unserer Vorliebe entsteht, also auf die Reaktion. Ist erst einmal mehr Raum für Bewusstheit entstanden, kann es sein, dass wir in Einklang kommen mit der augenblicklichen Situation und aus diesem Einklang heraus handeln. Wir unterstützen dann den Fluss des Lebens.

> *Es war einmal ein Sadhu, der zum Markt ging.*
> *Während er fort war, fing seine Hütte Feuer.*
> *Seine Nachbarn retteten einige wenige Besitzstücke*
> *aus seiner Hütte, holten Eimer voll Wasser vom Fluss*
> *und gossen sie über die brennende Hütte.*

Als der Sadhu zurückkam und sah, dass sie Wasser in die Flammen gossen, las er seine Besitzstücke auf, die gerettet worden waren, und warf sie ins Feuer. Seine Nachbarn sahen ihn ungläubig an.

Dann fing es an zu regnen. Der Regen begann das Feuer auszulöschen, also lösten die Nachbarn ihre Eimerkette auf. Zu diesem Zeitpunkt begann der Sadhu Wasser vom Fluss in Eimern heranzutragen und es auf die Hütte zu gießen. Die Nachbarn konnten ihren Augen nicht trauen. Sie fragten ihn, was er tue. Er antwortete: „Wenn das Feuer kommt, heiße ich es willkommen und helfe ihm. Wenn der Regen kommt, heiße ich ihn willkommen und helfe ihm."

    Poonja

Sicherlich ist die Geschichte ein extremes Beispiel dafür, was es bedeutet, den Lebensfluss zu unterstützen. Sie lässt den Aspekt außer Acht, dass den Lebensfluss zu unterstützen auch bedeuten kann, unsere Grenzen ernst zu nehmen, wie in unserem Beispiel von oben. Denn auch unsere Grenzen und Bedürfnisse sind Teil des großen Flusses.

Erst wenn wirklich Raum entsteht für mehr Bewusstheit und mehr Wahrnehmung der Gesamtsituation, wird sich eine stimmige Antwort zeigen. Und diese kann sehr unterschiedlich ausfallen. Sie ist eben spontan und damit unberechenbar, denn sie folgt nicht den Gesetzen unserer Vorlieben und automatischen Handlungsmuster.

Viele Zen-Geschichten sind Ausdruck dieser Unberechenbarkeit und verwirren uns zunächst. Aus der Perspektive unserer Vorlieben sind sie nicht logisch. Doch ein Meister befindet sich jenseits von Vorlieben und handelt aus einer inneren Freiheit heraus, die ihn auf den ersten Blick manchmal verrückt oder unverständlich erscheinen lässt. In Wahrheit aber ist er im Einklang und handelt daraus. Er bezieht sich auf den Augenblick.

Leicht und kraftvoll

Gelingt es uns, mehr und mehr im Einklang zu handeln, werden wir weniger Anstrengung und Probleme empfinden. Das Leben fühlt sich leichter an. Nicht dass dann die äußeren Umstände leichter wären. Es gibt weiterhin Schmerz, Krankheit und Verlust. Aber wir haben weniger Vorlieben dabei und leiden daher weniger.

Unbeschwert ist richtig. Beginne richtig und
du bist unbeschwert. Mache unbeschwert weiter
und du verhältst dich richtig.

    CHUANGTSE

Unbeschwert meint hier keine oberflächliche Fun- und Wellness-Einstellung, sondern ein Unbeschwertsein von Vorstellungen und Vorlieben und somit ein tieferer Kontakt mit dem Leben. Die Wirkung ist Leichtigkeit und auch ein Zuwachs an Energie.

Normalerweise verbrauchen wir viel Energie für unsere automatischen Reaktionsmuster. Entscheiden wir uns innezuhalten, fühlt sich das die ersten Male zwar auch anstrengend an, da wir gegen eine Gewohnheit handeln. Wenn wir jedoch unsere Reaktionen halten und nicht ausagieren, wird letztlich die Energie, die darin gebunden ist, frei und steht uns zur Verfügung. Je mehr wir durch Nicht-Tun aussteigen aus automatischen Reaktionen, desto energiereicher und kraftvoller fühlen wir uns in unserem Leben.

> **Übung: Die drei Grundfragen**
>
> Mit der Übung kannst du in allen Situationen deine Bewusstheit für die Reaktionskette schärfen.
>
> 1. Mit wem oder was bist du gerade innerlich in Kontakt?
> 2. Was für Empfindungen entstehen aus diesem Kontakt?
> 3. Was für ein Verlangen entsteht aus diesen Empfindungen?

Wer handelt?

Es gibt noch einen tieferen Aspekt von Nicht-Tun, der sich uns in der Regel erst offenbart, wenn wir bereits Abstand zu Vorlieben und Reaktionsmustern gewonnen haben. Dann entsteht Raum für mehr Bewusstheit und wir können diese neu gewonnene Bewusstheit nutzen, um noch genauer unsere Impulse und Handlungen zu betrachten.

Normalerweise sind wir davon überzeugt, bestimmen zu können, was wir tun. Wir glauben, Herr über unsere Handlungen zu sein. Wenn wir diese Überzeugung jedoch mit Achtsamkeit untersuchen, entpuppt sie sich als Illusion.

Es war ein sehr eindrückliches Erlebnis für mich, als ich tiefer erkannte, dass wir unser Handeln nicht unter Kontrolle haben. Am letzten Tag eines Schweigeretreats übte ich alleine Gehmeditation im Freien. Immer langsamer, immer achtsamer wurden meine Bewegungen, bis ich mich schließlich nur noch in Zeitlupe und mit größter Bewusstheit bewegte. Plötzlich stellte ich verwundert fest, dass nicht „ich" ging, sondern Gehen von selbst geschah. Es schien, als ob mein Ich-Gefühl sich von der Handlung abgelöst hätte. Ich betrachtete nur noch, wie Bewegung geschah, aber es waren nicht mehr „meine" Bewegungen.

Im Grunde ist diese Entdeckung nichts Besonderes und wir könnten sie in jeder Handlung machen. Wenn du jetzt zum Beispiel aufstehen möchtest, um dich einmal kräftig zu strecken, dann hast du sicherlich das Gefühl, dass es ein Leichtes wäre, das zu tun.

Wenn du den ganzen Vorgang jedoch genauer betrachtest, wird die Sache schon wesentlich schwieriger. Wenn du zum Beispiel beobachtest, wie du das wirklich machst, aufstehen und dich strecken, wirst du bemerken, dass du keine Ahnung davon hast, wie das geht. Alleine das Aufstehen ist ein so ungeheuer komplexer körperlicher Vorgang, dass dein Verstand völlig überfordert ist, diesen Vorgang zu verstehen, geschweige denn zu bestimmen.

Wenn du also den Wunsch hast, etwas so Einfaches und Banales zu tun, wie aufzustehen und dich zu strecken, musst du dich deinem Körper und den unbewussten Kräften, die das hoffentlich für dich erledigen, vollkommen überlassen. Du selbst kannst es nicht tun. Das merkst du spätestens, wenn du zum Beispiel einen Schwindelanfall hast und dein Körper dir nicht mehr gehorcht.

Natürlich könnte man an dieser Stelle einwenden, dass du zwar die Handlungen nicht kontrollieren kannst, aber zumindest das Kommando dazu gibst. Doch untersuchen wir wiederum in Achtsamkeit, wie dieses Kommando, dieser Wunsch, aufzustehen, in dir entstand, greifst du vermutlich ins Leere. Hast du deine Wünsche im Griff? Die Wahrheit ist: Wünsche und Impulse kommen und gehen. Du bist ihnen ausgeliefert.

Warum reden Sie von Taten? Tun Sie jemals etwas?
Eine unbekannte Kraft agiert, und Sie glauben,

dass Sie agieren. Sie beobachten nur, was passiert, ohne die Möglichkeit, es in irgendeiner Weise zu beeinflussen.

SRI NISARGADATTA MAHARAJ

Nicht-Tun ist keine Übung

Wenn wir anfangen zu sehen, dass Gedanken und Impulse geschehen und es nicht „unsere" Gedanken oder Impulse sind, gerät unsere Überzeugung von Kontrolle ins Wanken. Was haben wir dann überhaupt noch im Griff? Gibt es dann so etwas wie einen persönlichen Willen? Bei diesen Fragen schwindelt uns und unser Verstand gerät in Verwirrung. Denn der Verstand setzt Ich immer mit Kontrolle gleich. Also bekommen wir Angst bei dem Gedanken, es gäbe gar keine Kontrolle.

Verwirrung und Angst sind typisch für das Übergangsstadium vom Alltagsbewusstsein mit seiner Vorstellung von Kontrolle zum Nicht-Tun des Seinsbewusstseins. Verwirrung und Angst sind nichts anderes als Phänomene des Kontrollverlustes. Jedoch erleben wir in diesem Stadium den Kontrollverlust unseres Ichs als unangenehm, da wir uns noch dagegen wehren. Instinktiv nehmen wir an, dass an dem Kontrollverlust etwas falsch sein muss.

Wenn wir jedoch den Kontrollverlust zulassen und in die Unsicherheit eintauchen, machen wir eine erstaunliche Entdeckung. Es erwartet uns keine Katastrophe, wie unser Verstand befürchtet, sondern eine tief gehende Entspannung. Gelassenheit breitet sich aus. Denken, Impulse und Handlungen geschehen weiterhin, aber reibungsloser und ohne Anstrengung, da wir uns nicht einmischen und nicht damit identifiziert sind.

Nicht „wir" denken, sondern Denken geschieht und wir sind jenseits davon – Präsenz. Nicht „wir" handeln, sondern Handlungen geschehen und wir sind jenseits davon – reine Aufmerksamkeit. Diese Nicht-Kontrolle oder dieses Nicht-Tun bedeutet keinen Verlust unserer Fähigkeiten, wie wir es zunächst befürchten, sondern bringt eine Dimension von Freiheit mit sich. Es ist die Freiheit des spiegelgleichen Bewusstseins, das wir in diesem Loslassen berühren. Nicht-Tun ist ein Grundaspekt dieses Bewusstseins unserer wahren Natur. Es ist nichts, was wir üben müssten oder könnten, es findet fortwährend statt.

Denkst du, ich wüsste, was ich tue? Dass ich auch nur für einen oder einen halben Atemzug im Besitz meiner selbst bin? Nicht mehr, als ein Stift weiß, was er schreibt, oder der Ball erraten kann, wo er als Nächstes hinrollt.

DSCHELALEDDIN RUMI

Leider können wir die Früchte des Nicht-Tuns, Freiheit und Gelassenheit, erst schmecken, wenn uns Nicht-Tun und die Unkontrollierbarkeit unseres Daseins vollständig bewusst werden. Davor sind wir gefangen in unseren Vorlieben und Versuchen, zu kontrollieren.

Verstand und Stille

Möglicherweise fragst du dich jetzt, wie man auf der einen Seite das Nicht-Tun üben kann, wenn man auf der anderen Seite nichts im Griff hat? Nicht einmal unsere Handlungen und damit auch nicht das Innehalten?

Unser Verstand und unser Körper sind grundsätzlich daran orientiert, in dieser Welt zu überleben, und dazu bilden sie automatisch und unablässig Konzepte und Verhaltensmuster aus, um immer besser zu funktionieren. Das beinhaltet die Ausrichtung auf Kontrolle, Ziele und Tun. Wir entwickeln einen Willen. Eine Meisterleistung des Lebens, das sich auf diese Weise erschafft und erhält.

Der Verstand hat die Fähigkeit, zu denken, zu differenzieren, zu entscheiden und Ziele anzustreben. Das ist seine natürliche Aufgabe. Das tut er, ob wir damit identifiziert sind oder nicht. Und genauso kann in unserem Verstand, zum Beispiel durch das Lesen dieses Buches, ein neues Ziel heranreifen, nämlich das Freiwerden von Vorlieben. Also entscheidet unser Verstand, in Zukunft bei automatischen Reaktionen innezuhalten und die darin enthaltene Vorliebe zu sehen. Wir haben dann das Gefühl, dass wir das Nicht-Tun üben. Aber auch das geschieht mit uns.

Solange wir davon überzeugt sind, dass „wir" denken, scheinen es „unsere" Entscheidungen und „unsere" Ziele zu sein. Erst wenn wir begreifen, dass wir die Aktivitäten unseres Verstandes beobachten können und sie nicht sind, löst sich unser Ich-Gefühl ab und wir erkennen, dass nicht „wir" Entscheidungen treffen, sondern dass sie in uns – im Bewusstsein – geschehen. An diesem Punkt üben wir nicht länger das Nicht-Tun, sondern wir sind es.

Mit diesem Stadium geht auch einher, dass unser Interesse für Ziele abnimmt und unser Verstand ruhiger wird. Je weniger wir uns mit unseren Wünschen und Zielen identifizieren, desto weniger Nahrung bekommt unser Verstand, und auch er fängt an, sich zu entspannen. Wie ein Rennpferd, das nach dem Rennen auf eine Weide geführt wird, sich nach und nach entspannt und an Schnelligkeit und Zielen kein Interesse mehr hat, so beruhigt sich auch unser Verstand und wird immer friedlicher.

Dieser Friede ist eine Spiegelung der Stille des Bewusstseins. Wie der aufgehende Mond sich im Wasser spiegelt, so spiegelt sich diese Stille und Offenheit im Verstand, in allen Handlungen und in unserem gesamten Leben wider, wenn wir erkennen, dass wir nicht unsere Vorlieben und Handlungen sind, sondern unberührte Stille.

Wenn Hände frei davon sind, nach etwas zu greifen, können sie handeln. Sind die Augen frei davon, nach anderen Augen Ausschau zu halten, können sie sehen. Ist das Denken frei von Verstehen, kann Denken geschehen.

In dieser Art des Fühlens, Sehens und Denkens bedarf das Leben keiner Zukunft, um vollständig zu sein, und es bedarf auch keiner Erläuterungen zu seiner Rechtfertigung. In diesem Augenblick ist das Leben vollkommen.

ALAN WATTS

> **Übung: Das Atmen dem Atmen überlassen**
>
> Mehrmals die Fragen 1-4 nacheinander erforschen:
>
> 1. Wo ist gerade deine Hauptaufmerksamkeit? (z. B. atmen, hören, denken, spüren, ...)
> 2. Musst du etwas tun, damit ... (z. B. Hören) geschieht?
> 3. Überlasse das ... (Hören) dem ... (Hören)! Es hat nichts mit dir zu tun.
> 4. Was bleibt?
> 1. Wo ist gerade deine Hauptaufmerksamkeit? ...

5 Nicht-Wissen

In meinen Gruppen leite ich manchmal eine einfache Übung an. Eine Person schließt die Augen und wird von einer anderen Person an der Hand genommen und durch die Natur geführt. Wenn wir blind geführt werden, verlieren wir die Orientierung. Wir wissen schon nach kurzer Zeit nicht mehr, wo wir sind. Eine Teilnehmerin berichtete einmal, dass sie das Gefühl hatte, aufwärts zu gehen, obwohl sie tatsächlich abwärts gegangen war.

Wenn wir orientierungslos sind, müssen wir uns anvertrauen. Manchen Menschen fällt das sehr schwer und sie fühlen sich sehr verunsichert, sobald sie die Augen schließen. Meistens jedoch entspannen sie sich nach kurzer Zeit immer mehr in die Blindheit hinein und fangen an, sich wohl zu fühlen. Ein Teilnehmer berichtete mir sogar, dass er sich beim Gehen durch die Natur so tief entspannte, dass sich ein Gefühl einstellte wie kurz vor dem Einschlafen. Ein völliges Loslassen, ein Einsinken in ein dunkles, wohliges Geborgensein.

In der Dunkelheit des Schlafes wissen wir nicht mehr, wo und wer wir sind und was um uns herum geschieht. Wir tauchen ein in eine Welt des Vergessens. Hier sind wir ganz ohne Orientierung und vertrauen uns vollständig an. Gibt es eine größere Entspannung, als alles vergessen zu dürfen? Welche Geborgenheit liegt doch in dieser Dunkelheit. Eine dunkle, wohlige und nährende Stille macht sich breit. In dieser Stille gibt es keine Gedanken und keinerlei Orientierung. Und doch beinhaltet diese Stille keinen Mangel, sondern nährt uns auf geheimnisvolle Weise, wie kein Gedanke und kein Wissen uns jemals nähren könnte.

Wie erfüllend müsste es sein, wenn wir nicht nur im Schlaf diese dunkle Stille zulassen, sondern sie auch im Wachbewusstsein fühlen könnten. Wenn wir gleichsam durchs Leben „schlafwandeln" und uns vertrauensvoll führen lassen könnten, als würde uns immer jemand an der Hand nehmen und wir bräuchten nichts zu wissen.

Wir spüren, es gibt eine Kraft, die die Vögel liebt,
die alle Tiere liebt – selbst die Ameisen. Vielleicht ist es
die gleiche Kraft, die dir in deiner Mutter Leib die
Wärme gab. Ist es da logisch, dass du durch die Welt
gehst, als wärest du völlig alleine?

    Kabir (25)

Die Kraft der Neugier

Kleine Kinder sind oft noch mit diesem Vertrauen in Kontakt. Sie betrachten die Welt mit Unvoreingenommenheit und lassen sich von ihrer Neugier leiten. Beobachten wir ein Kind beim Spielen, sehen wir, wie es ganz im Spiel aufgeht. Gesammelt und mit ganzer Aufmerksamkeit ist es bei der Sache. Solange das Spiel interessiert, wirkt eine natürliche Präsenz. Ist die Neugier befriedigt, wendet es sich etwas anderem zu.

Auch als Erwachsene kennen wir alle die Wirkung von Neugier. Solange wir Interesse an etwas haben, wirkt eine natürliche Aufmerksamkeit und wir brauchen uns nicht anzustrengen, um bei der Sache zu bleiben. Im Gegenteil, es macht uns sogar Freude. In diesen seltenen Momenten fühlen wir eine enorme Wachheit und unsere Gedanken schweifen nicht ab. Wir schielen nicht auf das Ergebnis eines Vorgangs, wie wir es sonst immer tun, sondern sind interessiert am Vorgang selbst.

Wenn wir uns dagegen auf etwas konzentrieren wollen, was uns im Grunde nicht interessiert, haben wir größte Mühe, dabei zu bleiben. Wir müssen uns dann dazu zwingen und der Effekt ist entsprechend unbefriedigend.

Neugier ist ein Kind des Nicht-Wissens. Es ist eine Kraft, die wissen will, und zwar nicht nur durch kognitives Verstehen, sondern mit allen Sinnen und ganzer Intensität. Es ist eine Kraft, die in Kontakt geht mit den Dingen – wie ein Kind, das neugierig eine Blume untersucht und sie dabei betrachtet, berührt, streichelt und riecht. In diesem Moment liebt es die Blume.

Solange wir nicht wissen und neugierig sind, kommen wir ganz natürlich in Berührung mit Intensität, Konzentration, mit Staunen, Freude und mit Liebe. Nicht zu wissen öffnet uns. Wenn unsere Neugierde dann gestillt ist und wir glauben, etwas zu kennen, verlieren wir unsere Unvoreingenommenheit und gehen aus dem Kontakt. Wir glauben zu wissen und verschließen uns.

Viele Erwachsene vermissen dieses ursprüngliche, natürliche Interesse. Mit zunehmendem Alter glauben wir zu wissen, wie das Leben ist und wie es funktioniert. Dabei verschiebt sich der Schwerpunkt unseres Erlebens vom unbefangenen Erforschen hin zum Gefühl des Wissens, zu funktionalem und zielgerichtetem Tun. Mit der Zunahme von Wissen und inneren Konzepten schwindet unsere Bereitschaft zu genauer Wahrnehmung und zum Staunen über die Dinge. Wir handeln nur noch zielorientiert. Gleichzeitig fühlt sich das Leben flacher und langweiliger an.

Von der Antwort zur Frage

Neugier ist nicht nur eine Kraft, die unserem Leben mehr Intensität und Lebendigkeit verleiht, sie ist auch eine wesentliche Kraft in der spirituellen Arbeit. Ist unsere Meditation von Neugier durchdrungen, entstehen Sammlung und Präsenz mühelos. Allein den Atem zu beobachten, kann dann als ungeheuer intensiv und erfüllend erlebt werden. Zwingen wir uns jedoch, aus Interesselosigkeit, den Atem wahrzunehmen, wirkt die Erfahrung flach und wir verlieren uns ständig in Gedanken, als ob unser Geist sagen würde: „Den Atem kenne ich schon. Das ist langweilig. Ich erfinde lieber wieder ein paar Tagträume."

Ein und dieselbe Sache kann also komplett unterschiedlich erfahren werden, je nachdem, mit wie viel Neugier wir sie betrachten. Das macht deutlich, dass die Intensität einer Erfahrung nicht in ihrer Besonderheit begründet ist, sondern in der Vollständigkeit unserer Aufmerksamkeit. Und Neugier ist der Schlüssel zu mehr Aufmerksamkeit. Wollen wir daher unsere spirituelle Praxis verbessern, sollten wir uns nicht stoisch zu mehr Wachheit zwingen, sondern uns lieber fragen, was uns an der Praxis gerade wirklich interessiert.

Dabei ist es immer wieder hilfreich, sich frei zu machen von allen Vorstellungen, die wir über Meditation haben. Wenn wir glauben zu wissen, was es bedeutet in Meditation zu sitzen, verstellt diese Vorstellung unsere Neugierde und damit unsere Offenheit. Aus diesem Grund mache ich mir oft zu Beginn der Meditation bewusst, dass ich gar nichts weiß und dass ich nichts zu wissen brauche. Letztlich geht es mir in der Meditation um Offenheit – und Offenheit weiß nichts. Im Zen wird dies Anfängergeist genannt. Der Geist eines Anfängers ist offen und unverstellt von Erfahrungen und Wissen.

Grundsätzlich verstellt jegliches Wissen unsere Offenheit. Natürlich ist es auch wichtig, Wissen und Konzepte über die Welt zu entwickeln, damit wir uns darin orientieren und funktionieren können. Aber was dem Überleben dient, kann dem Erkennen unserer wahren Natur im Wege stehen.

Wenn wir daher unser Interesse und die damit verbundene Präsenz und Offenheit wiederentdecken wollen, ist es wichtig, unsere Aufmerksamkeit vom Wissen und von Antworten abzuziehen und uns wieder dem Prozess des Nicht-Wissens und des Erforschens hinzugeben. Jegliche Antwort auf eine Frage, und sei sie noch so wesentlich, beendet einen Prozess und beschneidet damit unsere grundlegende Offenheit. Offen sein bedeutet, wieder ganz „Frage zu werden".

Auf die wichtigsten Fragen scheint es keine vorgefertigten Antworten zu geben. Doch die Fragen selbst entwickeln heilende Kräfte, wenn ihnen genügend Beachtung geschenkt wird. Antworten hingegen laden dazu ein, mit dem Nachdenken und Staunen über die Dinge aufzuhören.

RACHEL NAOMI REMEN

Stellen wir uns zum Beispiel die Frage „Wer bin ich?", kann dies einen tiefen Prozess der Selbsterforschung einleiten. Dabei dürfen wir jedoch nicht den Fehler machen, zu denken, dass es bei dieser Frage darum ginge, eine endgültige Antwort zu finden. Ein Zen-Meister würde uns dann vermutlich einen Stockhieb versetzen.

Die Aufgabe besteht vielmehr darin, immer tiefer in das Nicht-Wissen und in die Erforschung des Lebens einzudringen. Nicht um das Leben irgendwann zu verstehen, sondern um unsere ureigensten Qualitäten von Offenheit, Freude, Interesse, Präsenz und Stille zu entdecken.

Vielleicht hatte gerade diese Erkenntnis den Dichter Rainer Maria Rilke bewogen, folgende Zeilen zu schreiben:

> ...und ich möchte Sie, so gut ich es kann, bitten, Geduld zu haben gegen alles Ungelöste in Ihrem Herzen und zu versuchen, die Fragen selbst lieb zu haben, wie verschlossene Stuben und wie Bücher, die in einer fremden Sprache geschrieben sind. Forschen Sie jetzt nicht nach den Antworten, die Ihnen nicht gegeben werden können, weil Sie sie nicht leben könnten. Und es handelt sich darum, alles zu leben. Leben Sie jetzt die Fragen. Vielleicht leben Sie dann allmählich, ohne es zu merken, eines fernen Tages in die Antwort hinein.
>
> RAINER MARIA RILKE

Wissen macht sicher

Wenn wir uns wieder mehr auf Fragen einlassen und auf das Erforschen, werden wir gleichzeitig bemerken, dass das Leben sich nicht mehr so sicher anfühlt. Nicht zu wissen, bringt Unsicherheit mit sich. Wissen dagegen scheint uns Sicherheit zu verleihen.

Das merken wir schon bei ganz einfachen Dingen. Wenn ich jemandem ein Ereignis von gestern erzähle, dann stehe ich auf sicherem Boden, denn ich weiß, wie das Erlebnis ausging. Wenn ich jedoch mit der gleichen Person darüber spreche, wie ich mich gerade im Kontakt mit ihr fühle, dann kann ich auf keine Erfahrung zurückgreifen, sondern muss mich dem augenblicklichen Geschehen öffnen. Das ist viel unsicherer, denn ich weiß nicht, wohin es mich führen wird.

Wir können das mit der Situation vergleichen, zum ersten Mal in einer fremden Stadt zu sein. Alles ist neu, vielleicht sogar fremd und unverständlich. Sofort sind wir unsicherer, aber auch wacher und neugieriger. Unsere Sinne sind geschärft, und wir nehmen viele Kleinigkeiten aufmerksam wahr. Nach ein paar Monaten, in derselben Stadt, kennen wir uns aus. Wir haben eine innere Landkarte der Stadt entworfen und folgen ihr. Der Effekt ist: Wir fühlen uns sicher und schauen uns kaum noch um.

Wissen macht uns sicher. Das ist seine zentrale Bedeutung. Schließlich werden wir in eine Welt geboren, die für uns fremd, neu und unverständlich ist. Und nicht nur das – sie ist auch unberechenbar. Das ist nicht unser individuelles Problem, sondern die Natur des Lebens. Leben ist fortwährende Veränderung und damit unüberschaubar, unvorhersehbar, komplex und chaotisch.

Es gibt zwar gewisse Gesetzmäßigkeiten, nach denen sich Leben entfaltet – nehmen wir zum Beispiel die Jahreszeiten Frühjahr, Sommer, Herbst, Winter –, aber trotzdem ist das tatsächliche Wetter unberechenbar und oft sehr abweichend von der momentanen Jahreszeit. Leben entfaltet sich aus dem Moment heraus. Und wir wissen nie, was der nächste Moment mit sich bringen wird.

Die Unmittelbarkeit verlieren

Ein Leben, das nicht vorhersehbar und berechenbar ist, birgt eine fundamentale Unsicherheit. Und dies macht uns Menschen Angst. Also entwickeln wir Strategien, um die Unberechenbarkeit des Lebens in den Griff zu bekommen. Eine sehr wichtige ist, in den Verstand zu flüchten. Wir bilden Landkarten aus, die uns helfen sollen, uns im Dschungel des Lebens zurechtzufinden.

Stell dir vor, du bist nachts alleine im Wald unterwegs und plötzlich raschelt etwas. Du erschrickst. Wie bekommst du deine Angst in den Griff? Indem du zu dir sagst: „Das war nur ein harmloses Tier, schließlich gibt es bei uns keine wilden Tiere." Du versuchst also, das Ereignis durch Verstehen in den Griff zu bekommen.

Natürlich bekommen wir eine Situation durch Verstehen nicht wirklich unter Kontrolle, denn sie ändert sich nicht dadurch, dass unser Verstand ein Etikett dafür findet. Nehmen wir an, das Tier sei ein entlaufener Löwe gewesen, da hilft das Verstehen nicht viel. Was wir aber in den Griff bekommen, ist unsere Angst. Und zwar dadurch, dass wir aus dem unmittelbaren Kontakt mit dem Ereignis gehen und damit auch aus dem Kontakt mit unmittelbarer Wahrnehmung. Wir retten uns einen Stock höher in den Verstand.

Die Situation wird dadurch zwar einschätzbarer, aber wir zahlen gleichzeitig einen hohen Preis: den Verlust von unmittelbarer Wahrnehmung und Offenheit und damit auch den Verlust unserer Lebendigkeit. Wenn unser Verstand etwas sieht, packt er es sofort in Schubläden. Und wenn wir dann etwas Ähnliches wieder sehen, schauen wir nur noch auf das Etikett der Schublade und nicht auf das, was gerade vor uns steht.

Ein typisches Beispiel hierfür sind die Dinge, die uns täglich umgeben. Den Stuhl, auf dem wir sitzen, oder die Menschen, mit denen wir zusammenleben, nehmen wir am wenigsten wahr. Meist sehen wir nur noch das Bild, das wir von unserem Partner oder unserer Partnerin haben, und nur selten haben wir die Offenheit, wieder ganz neu hinzuschauen.

Genauso ist es in der Meditation. Versuchen wir, den Atem zu beobachten, denken wir meist nur „Atem", haben aber die größte

Mühe, unmittelbar bei den augenblicklichen Empfindungen des Atems zu sein. Versuche doch einmal, jetzt ganz unmittelbar, mit geschlossenen Augen dein rechtes Knie zu spüren. Wahrscheinlich taucht zuerst eine Vorstellung vom Knie auf und nicht deine unmittelbare Empfindung davon.

Der Versuch, zu verstehen

Natürlich sind Landkarten extrem hilfreich, wenn wir uns orientieren wollen. Genauso sind alle Konzepte unseres Verstandes hilfreich und notwendig, um zu überleben. Die Schwierigkeit beginnt dann, wenn wir die Landkarte mit der Wirklichkeit verwechseln.

Stellen wir uns vor, wir wollen einen Berg besteigen und benutzen eine Landkarte, um den richtigen Weg nach oben zu finden. Das ist absolut sinnvoll. Doch wenn wir den Weg gefunden haben, macht es keinen Sinn, weiter auf die Karte zu starren, sonst können wir die tatsächliche Landschaft nicht genießen. Außerdem würden wir ständig stolpern, da der tatsächliche Weg immer ein bisschen anders ist als der skizzierte.

Aber genauso verhält sich unser Verstand oft. Wir haben eine Menge Landkarten über das Leben und über uns selbst entwickelt, die helfen, uns in der Alltagsrealität zurechtzufinden.

Eine dieser Landkarten ist die Vorstellung von Besitz. Dinge zu erkennen, die mir gehören, ist sehr praktisch. Ich kann mich dann um meinen Besitz kümmern und ihn auch vom Besitz anderer unterscheiden. Aber wenn ich vergesse, dass Besitz etwas ist, worauf wir uns geeinigt haben, bin ich damit identifiziert und werde sehr leiden, wenn ich ihn verliere. Ich habe dann das Gefühl, „mir" wird etwas genommen. „Mein" Auto wird beschädigt, „mein/e" Partner/in verlässt mich, „mein" Körper wird krank und schwach.

Mit den erworbenen Landkarten glaubt unser Verstand, zu wissen. Das ist aber bei genauerer Betrachtung falsch. Das Leben ist nämlich nicht nur unberechenbar, es ist auch nicht verstehbar. Wir tun zwar meistens so, als würden wir die Dinge verstehen, aber die Wahrheit ist, dass wir nichts mit dem Verstand erfassen können.

Selig sind, die arm im Geiste sind,
denn ihnen gehört das Himmelreich.

BERGPREDIGT

Wenn du dir einmal folgende Fragen ernsthaft stellst, wirst du bemerken, dass es keine Antworten darauf gibt:
Was ist eine Blume?
Wo kommen deine Gefühle her? Wo gehen sie hin?
Was ist ein Augenblick?
Was ist Leben? Was ist Tod?
Wenn wir diese Fragen hören, tauchen sofort Beschreibungen oder Bilder in uns auf, aber tiefer erfassen, also im eigentliche Sinne verstehen, können wir sie nicht. Von jeder Erfahrung kann man eine mehr oder weniger gute Landkarte anfertigen. Die Landkarte ist aber nicht die Landschaft. Die Beschreibung ist nicht die Erfahrung.

Aus diesem Grund ist es wichtig, unsere Konzepte wieder als das zu sehen, was sie sind, nämlich hilfreiche Beschreibungen, die wir zu gegebener Zeit benützen können, die wir aber weglegen müssen, wenn wir Interesse an Gegenwärtigkeit, an Lebendigkeit und an unserer wahren Natur haben. Je mehr es uns gelingt, die Ebene der Gedanken und des Wissens loszulassen, also im besten Sinne kopflos zu sein, tauchen wir ein ins Nicht-Wissen und in die Unmittelbarkeit des Seins.

*Die Annahmen, dass ihr wisst und dass ihr wisst,
was zu tun ist, sind Barrieren für wahres Wissen.
Wenn ihr schließlich wisst, dass ihr nicht wisst,
dann habt ihr absolutes Wissen.
Vollkommene Unwissenheit ist das, was zu
wahrem Wissen führt.*

    A.H. ALMAAS

Die Welt der Gedanken

Meistens leben wir in der selbst erschaffenen Welt unserer Gedanken, ohne uns dessen bewusst zu sein. Wir haben längst vergessen, dass Gedanken und Konzepte nicht die Wirklichkeit sind, wiewohl sie eine große Wirkung haben können. Zumindest solange wir glauben, dass sie wirklich sind.

Unsere Gedanken um finanziellen Reichtum oder Armut können eine enorme Wirkung auf unser Wohlbefinden ausüben. Aber wenn ich am Küchentisch sitze und eine Tasse Tee trinke und gegenwärtig bin, macht es da einen Unterschied, ob ich Schulden oder 100.000 € auf der Bank habe? Sind wir gegenwärtig, ist der Gedanke an Reichtum oder Armut lediglich ein Gedanke. Steigen wir in die Welt der Gedanken ein, wird diese Welt für uns zur Wirklichkeit und wir sind in Sorgen oder im Planen gefangen.

Gedanken üben eine starke hypnotische Anziehung auf uns aus. Sie ziehen unsere Aufmerksamkeit an und kreieren ganze Welten für uns. Wie in einem Kino wird ein Film nach dem anderen eingespielt und wir vergessen nur allzu oft, dass wir nur im Kino sitzen. Wir lachen und weinen mit den Figuren und vergessen dabei uns selbst und alles um uns herum.

Wir vergessen den gegenwärtigen Augenblick und die ihm innewohnende Stille. Wollen wir daher Stille berühren, ist es notwendig, aus den selbst erschaffenen Gedankenwelten auszusteigen. Nicht zu denken wird daher in vielen Meditationsschulen als wesentliche Voraussetzung für innere Stille betont. Dabei geht es nicht darum, das Denken pauschal abzulehnen, sondern darum, unsere Identifikation mit Gedanken zu lösen. Erst dann können wir uns jenseits des Denkens als Stille erfahren.

Heutzutage versuchen viele Menschen aus der
Gesellschaft auszusteigen. Aber wenn du wirklich
ein erfolgreicher Aussteiger werden willst, musst du
aus dem Strom der Gedanken aussteigen.

ECKHART TOLLE

Die Schwierigkeit aber liegt darin, dass es nicht möglich ist, nicht zu denken. Jeder, der einmal versucht hat in Stille zu sitzen, wird bemerken, dass sich zunächst nicht Stille einstellt, sondern dass wir unseren inneren Dialog lauter denn je hören.

Das kann für Menschen, die zum ersten Mal meditieren, eine sehr ernüchternde Erfahrung sein. Sie hoffen durch Meditation still zu werden und erleben das Gegenteil: Gedankenlärm. Meist stellt sich dann das Gefühl ein, etwas falsch zu machen. Aber inneren Lärm zu bemerken ist kein Zeichen für eine falsche Meditationspraxis. Vielmehr weist es darauf hin, dass wir achtsamer sind als gewöhnlich und den im Alltag unbewussten Gedankenstrom bemerken.

Lassen wir uns von dieser Erfahrung nicht entmutigen, dann versuchen wir vielleicht als Nächstes, den Gedankenfluss, dieses ewige Geplapper in unserem Kopf, zu stoppen. Aber der Versuch, nicht zu denken, kommt einer Unterdrückung gleich und ist sehr anstrengend. Man kann durchaus für eine gewisse Zeit das Denken mit Willenskraft und Konzentration unterdrücken. Letztlich muss dieser Versuch jedoch scheitern, da das Denken zu unserer menschlichen Natur ebenso gehört wie das Spüren und das Hören.

Das Denken zu stoppen käme dem Versuch gleich, der natürlichen Bewegung von Blättern im Wind Einhalt gebieten zu wollen. Es ist die Natur der Blätter, sich im Wind zu bewegen, und entsprechend bewegt sich unser Geist in Form von Gedanken.

Nicht-Denken bedeutet daher nicht, den Gedankenfluss zu stoppen, sondern sich jenseits des Denkens zu erfahren, zu erkennen, dass ich das Denken nicht bin. Und das geschieht, wenn ich bemerke, dass ich Gedanken beobachten kann. Gedanken kommen und gehen. Das, was es beobachten kann, unser Bewusstsein, bleibt. Auch in Gedankenpausen bin ich bewusst.

Aus dem Gedankenstrom aussteigen

Der erste Schritt, den Gedankenstrom zu unterbrechen, ist also, zu bemerken, dass wir das Denken beobachten können. Es ist wie im Kino: Eine ganze Weile folgen wir fasziniert dem Geschehen auf der Leinwand und plötzlich realisieren wir, dass wir im Kino sitzen und nicht in der Geschichte leben. Wir sind nicht die Geschichte, sondern wir können sie beobachten. Wir wachen aus der Hypnose auf.

Schritt 1: Nimm dir ein paar Minuten Zeit, deinen Gedankenstrom zu beobachten. Bemerke, dass du ihn beobachten kannst. Sei dir auch der Gedankenpausen bewusst.

Noch stärker wird unser Abstand, wenn uns als Beobachter/in bewusst wird, dass der Film vor unseren Augen nichts Reales hat, sondern ein Spiel aus Licht und Farben ist. Die ergreifende Szene vor unseren Augen wirkt dann künstlich und kann uns nicht mehr mitnehmen. Die hypnotische Anziehung der Bilder verliert an Kraft.

Der zweite Schritt, uns jenseits von Gedanken zu erfahren, ist, auf die Flüchtigkeit von Gedanken zu schauen. Sie haben nichts Dauerhaftes an sich. Meist tauchen sie unvermittelt auf und können sich ebenso plötzlich, wie eine Seifenblase – plopp, wieder auflösen.

Normalerweise achten wir nicht auf diese Vergänglichkeit von Gedanken, sondern tauchen ein in den Inhalt der Gedanken und schon scheint eine solide Welt in uns zu entstehen. Wenn wir jetzt jedoch unsere Aufmerksamkeit auf die Flüchtigkeit, das ewige Kommen und Gehen unserer Gedanken richten und nicht auf ihre Bedeutung, löst sich die Solidität der Gedankenwelt auf. Sie erscheint uns immer unwirklicher und unwesentlicher. Das aber, was dieses flüchtige Spiel beobachten kann, unser Bewusstsein, tritt immer mehr in den Vordergrund unserer Wahrnehmung und wird realer erlebt als die Welt der Gedanken.

Schritt 2: Beobachte das Kommen und Gehen von Gedanken. Sind diese Gedanken dauerhaft oder haben sie etwas Solides an sich? Was geschieht, wenn du sie greifen oder festhalten möchtest? Was bleibt, wenn sich Gedanken auflösen?

Leider verflüchtigen sich unsere Gedankenwelten nicht immer sofort. Wir erkennen vielleicht, dass es nur ein Gedanke ist und daher flüchtig, und doch läuft der Film vor unseren Augen munter weiter. Tatsächlich stoppt auch im Kino der Film nicht automatisch, wenn wir uns bewusst werden, dass wir im Kino sitzen.

Der entscheidende Punkt ist unser Interesse. Wenn uns der Film weiterhin interessiert und wir im Kino sitzen bleiben, sind wir sofort wieder von der Geschichte eingenommen. Entsprechend hängt es von unserem Interesse ab, ob sich der innere Film verflüchtigt oder ob er weiter seine Anziehung auf uns ausübt. Ist unser Interesse am Denken noch größer als an Präsenz, ziehen uns Tagträume sofort wieder in ihren Bann und wir werden den Zustand der Gedankenfreiheit nur selten erfahren können.

Der eigentlich Schlüssel, um aus den Gedankenwelten auszusteigen, ist daher unser Interesse. Es geht nicht darum, zu versuchen, den Gedankenstrom anzuhalten, sondern die Flüchtigkeit von Gedanken zu erkennen und damit das Interesse am Denken zu verlieren. Wenn unser Interesse an Stille, Leere und Präsenz zunimmt, wird es immer leichter, Gedankenfreiheit zu berühren.

Schritt 3: Beobachte deine Gedanken. Wie stark ist dein Interesse am Inhalt deiner Gedanken? Wie stark ist dein Interesse an der Leere und der Stille, die in der Gedankenfreiheit liegen? Was wiegt schwerer?

Das ist ein sehr wichtiger Punkt. Haben wir kein tiefes Interesse an der Gedankenleere, wird sie sich auch nicht einstellen, da unser Gewohnheitsgeist nur am „Etwas" interessiert ist und nicht am „Nichts". Und doch kann gerade in der Gedankenleere eine reine Form des Gegenwärtigseins erfahren werden, die uns wach und leer gleichzeitig sein lässt. Diese objektlose Gegenwärtigkeit wird Präsenz genannt und beinhaltet ein intensives Seinsempfinden. Wir spüren, dass wir sind.

Präsenz kann erst erfahren werden, wenn wir aus dem Strom der Gedanken kurzzeitig aussteigen. Daher ist jede Gedankenpause ein Tor zu Präsenz. Allerdings nur, wenn wir mit Hilfe unseres Interesses die ganze Aufmerksamkeit auf das Sein in der Leere richten.

Schritt 4: Richte deine Aufmerksamkeit auf Gedankenpausen. Sei dir deines Seins in der Leere bewusst.

Freiheit vom Denken

Auf diese Weise verschiebt sich der Fokus unserer Aufmerksamkeit immer mehr vom Denken und seinen Geschichten hin zu einer Präsenz, die jenseits von Gedanken liegt. Rückt diese Präsenz in den Vordergrund unseres Erlebens, weichen die Gedanken immer mehr in den Hintergrund. Das wird subjektiv als Stille erfahren. Eine Stille jenseits von Gedanken.

Auch wenn die Gedankentätigkeit in diesem Zustand deutlich verringert ist, bedeutet Gedankenstille nicht wirklich, dass alle Gedanken schweigen, sonst wäre es wieder ein Zustand der Unterdrückung. Vielmehr erfahren wir uns jenseits von Gedanken. Letztlich ist Gedankenfreiheit nicht das Fehlen von Gedanken, sondern die Erfahrung einer Gedankenleere und der darin enthaltenen Präsenz, die subjektiv als substanzieller und realer erfahren wird als die in den Hintergrund rückenden Gedanken.

Vielleicht ziehen weiterhin noch einzelne Gedanken durch uns hindurch, aber sie sind wie Flugzeuge, die am grenzenlosen nächtlichen Himmel vorüberfliegen. Sie bleiben völlig im Hintergrund, ohne jede Bedeutung. Die Weite, Leere und Stille des Nachthimmels ist jetzt bedeutsamer.

Gedanken ziehen durch den Kopf.
Bienen summen.
Niemand stört sich daran.

    RICHARD STIEGLER

Es gibt nichts Anziehendes und nichts Störendes mehr an einzelnen Gedanken. Die Aufmerksamkeit ist in der Präsenz und der Leere verankert.

Wenn wir aussteigen können aus dem Strom der Gedanken, bringt dies Entspannung, Einfachheit und Leichtigkeit mit sich. Stell dir vor: keine Gedanken mehr! Mit den Gedanken verblassen unsere Vorstellungen und damit auch unsere Vorlieben und Probleme.

Ich denke, also bin ich verwirrt...

„TAO TE PUH"

Freiheit von Gedanken birgt eine sehr tiefe Entspannung, die als Ausdehnung und Einsinken erfahren wird. Unbewusst versuchen wir ständig, uns durch Denken und Verstehen mehr Sicherheit zu verschaffen. Wir klammern uns ans Denken. Wenn wir uns nun erlauben loszulassen, spüren wir Weite und Sinken.

Am Meer lebte einst ein kleines Mädchen, das Angst vor dem Wasser hatte. Es schien ihr so gewaltig zu sein wie ein Riese, der jederzeit bereit war, sie zu verschlingen. Immer wenn sie ins Wasser ging, traute sie sich nur ganz am Rande, ein paar Schwimmzüge zu machen, und achtete peinlich darauf, dass ihr Kopf dabei nicht unter Wasser geriet.

Eines Tages, als sie auf einem Felsen am Ufer saß, beobachtete sie im glasklaren Wasser einen großen bunten Fisch. Er schien fast bewegungslos durch das Wasser zu gleiten. Das Mädchen schloss die Augen und stellte sich vor, dieser Fisch zu sein, und sogleich wurde sie leicht und schwerelos.

Sie fühlte einen leichten Schwindel aufsteigen und öffnete schnell wieder die Augen. Vor ihr trieb der bunte Fisch regungslos im Wasser.

Sie schloss wieder die Augen. Wieder kam die Schwerelosigkeit und der Schwindel, doch diesmal ließ sie die Augen geschlossen. Alles drehte sich, doch allmählich ließ das Kreisen nach und ging in eine sanfte Abwärtsbewegung über. Wie eine Feder, sanft und schwebend, glitt sie nach unten. Es schien kein Ende zu nehmen. Nach einer ganzen Weile öffnete sie die Augen. Der bunte Fisch war verschwunden.

Als sie das nächste Mal ins Wasser ging, schwamm sie weiter hinaus als jemals zuvor. Dann schloss sie die Augen und ließ sich sinken.

RICHARD STIEGLER

Alles vergessen

Nicht-Wissen ist mehr als Nicht-Denken. Nicht-Denken ist der Zustand, sich in einer Präsenz jenseits von Gedanken zu erfahren. Hier sind wir im wahrsten Sinne des Wortes gedankenlos. Wir fühlen uns wunderbar frei und still dabei.

Nicht-Wissen geht darüber hinaus. Nicht-Wissen beinhaltet auch, alles Wissen und alles Verstehen loszulassen. Lyrisch ausgedrückt: Wir tauchen in ein Meer des Vergessens ein. Vergessen ist viel mehr, als nur nicht zu denken. Vergessen ist ein Loslassen von allem, was wir glauben zu wissen. Nicht nur ein Loslassen von aktuellen Gedanken, sondern von jeglichem Verstehen.

Vergleichbar mit einem tiefen Schlaf dürfen wir alles vergessen. Wir dürfen vergessen, wo wir sind und wer wir sind. Wir brauchen nicht verstehen, was mit uns gerade geschieht. Alles Wissen über Verantwortung und Beziehungen fällt ab. Vergangenheit und Zukunft versinken im Vergessen. Wir hören ein Geräusch und brauchen es nicht zuzuordnen. Da zieht ein Gedanke durch unseren Kopf, und wir brauchen ihn nicht zu verstehen.

Wie der Tiefschlaf birgt auch das Nicht-Wissen eine ungeheure Entlastung. Ein Eintauchen in wohliges Geborgensein ohne Orientierung und ohne Verstehen. Dies kann allerdings nur geschehen, wenn wir uns erlauben, nichts zu wissen, was sich für uns oft als Hindernis darstellt. Unser Verstand denkt, dass etwas falsch daran ist, nicht zu wissen.

Verwirrung zum Beispiel ist ein direktes Tor, in die Freiheit des Nicht-Wissens einzutauchen, aber natürlich nur dann, wenn wir nicht krampfhaft versuchen wieder zu verstehen, sondern uns erlauben, verwirrt zu sein und uns in diese Orientierungslosigkeit hineinfallen zu lassen. Wie in der Geschichte mit dem Mädchen, das Angst vor dem Meer hatte, breitet sich dann eine Art Schwindel aus und schließlich ein Einsinken ohne Orientierung und Kontrolle.

Verwirrung ist eine krampfhafte Suche nach Halt und Sicherheit, die Verstand und Körper anstrengen und verkrampfen. Wenn wir anerkennen, dass wir nicht wissen, entsteht Loslassen und ein Entspannen in die momentane Realität.

A.H. ALMAAS

Dabei hat unser Verstand nicht nur Angst vor der Orientierungslosigkeit, die im Einsinken entsteht, sondern auch davor, dumm zu sein. Doch das ist nicht der Fall. Genauso wie beim

Nicht-Denken, bedeutet Nicht-Wissen nicht den Verlust von allem Wissen, sondern sich jenseits von Wissen und Verstehen zu erfahren. Dabei verlieren wir weder die Fähigkeit, zu denken, noch verlieren wir unsere Erinnerungen oder unser Wissen, auch wenn sich das kurzzeitig so anfühlen kann. Wir verlieren nur unser Festhalten und unsere Identifikation mit Wissen. Wir sind nicht das Verstehen und nicht das Wissen.

Wir erfahren uns dann als eine Präsenz und eine Stille, die jenseits von allen Gedanken und allem Wissen existieren. Und paradoxerweise entfalten sich gerade hier, im Zustimmen zu Orientierungslosigkeit und vollkommener Unsicherheit, Geborgensein und unbedingtes Vertrauen.

> **Übung: Schmelzen und vergessen**
>
> Festhalten am Verstehen ist eng verknüpft mit Anspannung im Bereich von Schädelbasis und Nacken. Folgende Übung ist daher eine Meditation des Nicht-Wissens.
>
> - Sitze aufrecht und wiege sanft den Kopf hin und her. Das ist kein Tun, sondern mehr ein Geschehenlassen, ein Schmelzen.
> - Entspanne dich dabei immer tiefer in das Schmelzen hinein und erlaube dir, alles zu vergessen.

6 Nicht-Erfahren

An lauen Sommerabenden sitze ich gerne im Garten und betrachte den Himmel. Ganz allmählich färbt sich sein Blau immer dunkler, bis die ersten Sterne sichtbar werden. Zunächst wird mein Blick immer von den Sternen angezogen, wie sie funkeln und immer mehr werden. Auch Flugzeuge sehe ich, wie sie blinkend ihre Bahnen ziehen. Doch irgendwann zieht mich die Dunkelheit mehr an als die Lichter, und ich lasse mich von der Schwärze des Nachthimmels gefangen nehmen.

Es ist wie ein Eintauchen in eine undurchdringliche Schwärze – unendlich tief und ohne Grenzen sich ausdehnend. In dieser Schwärze gibt es nichts, keinen Stern, kein Flugzeug, nicht einmal ein Lichtstrahl scheint dorthin zu dringen. Man hat den Eindruck, als ob diese Schwärze alles verschlucken würde. Hier gibt es nichts, nur absolute Stille und Frieden.

Dunkelheit und Frieden

Der Frieden der Dunkelheit ist heilsam. Und doch zieht es uns meistens zum Licht. Licht steht für Leben und in den meisten Kulturen symbolisiert es das Göttliche, das Erstrebenswerte. Die Dunkelheit dagegen steht für das, wovor wir uns fürchten. Wenn Menschen jedoch in schwere Krisen kommen, erinnern sie sich an den Frieden der Dunkelheit und sehnen sich danach.

Ich liebe die Dunkelheit, aus der ich komme.
Rainer Maria Rilke

Manchmal kommen Menschen in meine Praxis, die so verzweifelt sind, dass sie an Selbstmord denken. Die Vorstellung des Todes zieht sie an und gleichzeitig macht ihnen der Gedanke daran Angst. Sie versuchen daher, solche Gedanken unter Kontrolle zu bringen. Ich bitte sie dann, sich ihren Tod vorzustellen und sich ganz in diese Vorstellung hineinzubegeben und sie auszuphantasieren. Todessehnsucht beinhaltet im Kern die Sehnsucht nach Frieden. In der größten Verzweiflung und im größten Schmerz erinnern wir uns wieder vage an einen Frieden, der tief in uns allen schlummert.

Wenn diese Menschen dann in die Todesphantasie hineingehen, taucht Dunkelheit in ihnen auf, und ich mache ihnen Mut, sich ganz ins Dunkle zu begeben. Hier ist nichts, einfach nur Dunkelheit und unendlicher Frieden. Die Menschen fühlen sich hier wohl und geborgen. Sie haben das Empfinden, in der Dunkelheit aufzutanken.

In dieser Dunkelheit lassen wir alles zurück, was uns belastet: all unsere Probleme, unsere Beziehungen, Gedanken und Gefühle und schließlich die ganze Welt. Hier ist nichts mehr wichtig, was uns sonst beschäftigt und belastet. Was bleibt, ist unberührte Stille. Ein Frieden, den wir in unserer Alltagswelt nicht kennen und von dem niemand spricht.

Die Natur unserer Sinne

Trotzdem haben wir oft Angst vor der Dunkelheit und suchen das Licht. Dunkelheit ist undurchdringlich. Wer nachts schon einmal im Wald unterwegs war, weiß, wie undurchdringlich Dunkelheit sein kann. Jegliche Orientierung geht uns hier verloren. Alles, woran unser Blick sich normalerweise klammert, wird verschluckt. Unsere Augen sind für das Licht gemacht, nicht für die Dunkelheit.

Taucht der kleinste Lichtstrahl auf, wird unser Blick davon angezogen. So ist es immer im Leben. Licht und Lärm erregen unsere Aufmerksamkeit, nicht der stille Hintergrund. Mit bunten Lichtern und lauter Musik werden die Menschen auf Rummelplätze gelockt. Wie die Motten werden wir vom Licht angezogen.

Dass uns intuitiv das Licht anzieht und nicht die Dunkelheit, hat mit der natürlichen Funktion unserer Sinne zu tun. Unser Auge reagiert auf Licht und das Gehirn konstruiert dann Bilder und Objekte in unserem Geist. Dabei fällt auf, dass Auge und Gehirn so geschaffen sind, dass nur Objekte erkannt werden. Den freien Raum dazwischen, also Leere, können wir nicht sehen.

Wir können Leere nur indirekt erkennen, durch die Begrenzungen des Raumes, also die Wände. Unser Auge kann Leere niemals direkt wahrnehmen, außer wenn wir in absolute Dunkelheit eintauchen. Alle Objekte werden hier verschluckt, und es bleibt nichts Greifbares. Doch auch hier erkennen wir die Leere nicht durch das Sehen, sondern dadurch, dass wir nicht sehen.

So ist es auch mit den anderen Sinnen. Das Ohr hört nur Geräusche, aber keine Stille. Wir hören Stille nur indirekt durch die Abwesenheit von Lärm, genau genommen dadurch, dass wir nichts hören. Und auch unser Tastsinn kann keine Leere empfinden, sondern nur die Berührung von Gegenständen. Nur im Nicht-Spüren erahnen wir freien Raum.

Unsere Sinne sind also darauf ausgerichtet, Objekte zu erkennen, damit wir uns in der Welt orientieren und bewegen können. Unsere Aufmerksamkeit ist dadurch ebenfalls immer auf Objekte ausgerichtet. Alles Greifbare und Objekthafte erscheint uns daher wirklich und beschäftigt uns. Auch unsere Gedanken drehen sich um Objekte – um Beziehungen, Arbeit, Hobbys. Die Welt der Objekte nimmt uns gefangen und scheint das einzig Reale und Wichtige zu sein, nicht dagegen die Leere. Das Nichts der Leere erscheint uns irreal, und wir vergessen, wie wohltuend Leere ist.

Verhaftetsein mit Erfahrung

Unsere Identifikation mit den Sinnen ist sehr stark. Genauso wie wir unbewusst ständig werten, handeln und denken, sind wir uns auch unserer permanenten Sinneserfahrungen nicht bewusst. Wir schauen meist nur auf die Objekte, die unsere Sinne hervorbringen. Wir sehen einen Baum oder hören einen Vogel, aber wir sind uns des Sehens und Hörens nicht bewusst. Wir richten unsere Aufmerksamkeit in der Regel niemals auf den Vorgang der Sinneserfahrung selbst.

Solange wir uns nicht unserer Sinneserfahrung bewusst werden, bestimmen unsere Sinne, was Realität für uns ist und was nicht. Das ist nicht anders mit dem Denken. Erst im Erkennen des Vorgangs des Denkens sind wir nicht mehr auf den Inhalt unserer Gedanken fixiert und davon gefangen genommen. Ebenso müssen wir zuerst den Vorgang der Sinneswahrnehmung erfassen, um davon zurücktreten zu können und die Dimension jenseits davon zu erfahren.

Leersein aller Kreatur (Objekte) ist Gottes voll sein,
und voll sein aller Kreatur ist Gottes leer sein.

MEISTER ECKEHART

Das ist jedoch nicht so einfach, da wir unsere Sinne nicht abschalten können. Wir alle kennen zwar Momente, in denen wir nicht werten, nicht handeln oder nicht denken, aber wir kennen keinen Augenblick ohne sinnliche Erfahrung. Selbst im dunkelsten Wald hören wir noch Geräusche, spüren den Stoff auf unserer Haut. Nicht zu sehen, nicht zu hören oder nicht zu spüren ist nur partiell möglich. Ein vollkommenes Fehlen jeglicher Sinneserfahrung ist kaum denkbar. Normalerweise setzen wir einen solchen Zustand mit Bewusstlosigkeit gleich.

Wie können wir aber eine Dimension jenseits der Sinneserfahrung berühren, also die Nicht-Erfahrung erfahren, wenn wir unsere Sinne nicht abzuschalten wissen?

Ich kann mich gut erinnern, dass mir diese Frage vor Jahren wie ein nicht zu lösendes Koan vorkam. Immer wieder stieß ich im Zusammenhang mit Meditation auf die Aufforderung, die Sinnestore zu verschließen. Aber ich konnte mir keine Erfahrung ohne Sinneserfahrung vorstellen und schon gar nicht, wie ich dort hinkommen sollte. Ich stieß auf die Grenzen meines Verstandes, der sein Verstehen aus sinnlicher Erfahrung bezieht und daher nichts anderes kennt.

Was ertönt aus der Harfe? Musik.
Und dazu gibt es einen Tanz,
den weder Füße noch Hände tanzen.
Keine Finger zupfen die Saiten,
kein Ohr hört die Klänge,
denn der heilige Eine ist das Ohr
und auch der, der lauscht.

Die großen Tore (der Sinne) bleiben verschlossen,
aber der Duft des Frühlings dringt doch nach innen,
und niemand sieht, was geschieht.

KABIR

Das Wahrnehmen wahrnehmen

Wenn Kabir in seinem Gedicht davon spricht, dass die Sinnestore geschlossen bleiben, ist dies ein Hinweis darauf, dass die letzte Dimension jenseits der Sinne liegt. Es ist keine Handlungsanweisung. Das ist ein Missverständnis, dem viele Menschen erliegen. Solange wir Nicht-Erfahren als Handlungsanweisung verstehen, stoßen wir an die Grenze unseres Verstandes, denn wir können unsere Sinnestore nicht verschließen.

Es ist wie beim Nicht-Denken. Auch hier geht es nicht darum, nicht zu denken, sondern Nicht-Denken gibt uns einen Fingerzeig auf die Dimension jenseits des Denkens. Wir erkennen diese Dimension durch die bewusste Wahrnehmung des Denkvorganges und nicht durch den Versuch, das Denken anzuhalten.

Ebenso ist der Schlüssel zur Nicht-Erfahrung die bewusste Beobachtung, wie Sinneserfahrung geschieht, und nicht der Versuch, sie zu eliminieren, was wir ohnehin nicht können. Wir sind nicht die Erfahrung, sondern wir beobachten Erfahrung.

Kannst du bemerken, dass du gerade dieses Buch vor dir siehst? Kannst du dir des Sehens bewusst sein? Kannst du bemerken, dass deine Hände gerade spüren? Beobachte das Spüren! Offensichtlich kann es geschehen, dass wir uns des Sehens und Hörens bewusst werden und uns dadurch mehr und mehr davon ablösen.

Wie bei den Gedanken auch, erscheinen uns die Wahrnehmungsobjekte plötzlich unwirklicher, flüchtiger. Genau genommen sind sie das ja auch. Die Welt der Erfahrungen ist ein sich permanent veränderndes Spiel. Ein ewiges Kommen und Gehen. Je mehr wir auf den Prozess der Veränderung schauen und nicht auf den Inhalt der Erfahrung, desto leichter können wir die Dimension bemerken, die jenseits von Erfahrung existiert und das Erfahren wahrnehmen kann.

Das ist die Grundidee der Vipassana-Meditation, in der wir angeleitet werden, den Prozess des Werdens und Vergehens von Moment zu Moment zu betrachten. Auf diese Weise wird uns plötzlich bewusst, wie alles, was wir erfahren können, und damit auch alles, was wir glauben, ein flüchtiges Spiel ist. Keine Erfahrung hat Bestand. Die Welt rückt ein Stück zurück und es taucht eine Präsenz auf, die nicht mit Erfahrung verknüpft ist. Obwohl diese Präsenz nicht greifbar ist wie ein Objekt, ergreift sie uns und kann eine ungeheure Intensität bekommen.

Innerhalb der völligen Abwesenheit von
Erfahrung ist eine Präsenz. Das bist du.

Yuti

Ein Quantensprung

Um die Identifikation mit Sinneserfahrungen zu lockern, bedarf es also zunächst der Beobachtung von Erfahrungen und der Wahrnehmung der Flüchtigkeit aller Erfahrung. Dabei werden wir uns immer mehr einer Präsenz bewusst, die jenseits von Erfahrung liegt. An diesem Punkt kann es sein, dass in uns eine Neugier erwacht und wir uns fragen, was diese Präsenz wohl ist?

Was kann Erfahrung beobachten? Was existiert jenseits von Erfahrung? Worin erscheinen Erfahrungen wie Spüren, Hören oder Sehen? Was ist diese Präsenz, die unberührt von Erfahrung bleibt? All diese Fragen zielen in eine Richtung, die große spirituelle Frage: Wer bin ich?

Mit diesen Fragen lenken wir unsere Aufmerksamkeit von den Objekten weg, hin auf das Subjekt, auf das Beobachtende in jeder Erfahrung. Das ist ein Perspektivenwechsel, ein Quantensprung aus der Welt der Form und der Erfahrung hinein ins Formlose, ins Nicht-Erfahren. Erst mit diesem Perspektivenwechsel können wir die Stille des formlosen Bewusstseins voll erfassen.

Beobachten Sie Ihren Verstand (und Ihre Wahrnehmung), wie er erscheint, wie er funktioniert. Wenn Sie Ihren Verstand beobachten, entdecken Sie sich selbst als das Licht hinter dem Beobachter. Die Quelle des Lichts ist dunkel, die Quelle des Wissens ist unbekannt. Diese Quelle allein existiert. Gehen Sie zu ihr zurück und verweilen Sie dort.

SRI NISARGADATTA MAHARAJ

Frage dich: Was kann das Sehen und das Hören beobachten?

Doch je angestrengter wir nach dem Subjekt suchen, desto mehr entschwindet uns wieder die eben gespürte Präsenz. Wir halten nach dem Subjekt Ausschau, als wäre es etwas Festes, als hätte es Substanz. Wir wollen es mit unseren Sinnen erfahren. Dabei erliegen wir unserer alten Gewohnheit, immer nur auf Objekte zu schauen. Wir versuchen das ewige Subjekt zu einem Objekt zu machen.

Natürlich greifen wir dabei ins Leere und je angestrengter wir uns bemühen, diese Leere zum Objekt zu machen, desto mehr verschwindet auch die Präsenz. Wollen und Anstrengung verhindern Präsenz und Stille.

Der Perspektivenwechsel ist viel einfacher und müheloser zu vollziehen: nicht durch Greifen, sondern durch Loslassen. Wir suchen nicht nach einem Subjekt, sondern lassen uns ins Ungreifbare fallen und – sind das Subjekt.

Stell dir vor, du beobachtest das Spüren der rechten Hand. Du kannst deutlich das Spüren bemerken. Dann stellst du dir die

Frage: Was in mir kann das Spüren beobachten? Du stellst diese Frage und suchst nicht nach einer Antwort. Was immer für Gedanken als Antwort kommen, lass sie ziehen. Glaube ihnen nicht. Die Antwort liegt jenseits von Gedanken.

Ein Mann meditierte vor einem Spiegel. Er wollte sein wahres Gesicht entdecken. Immerzu starrte er auf sein Spiegelbild und fragte sich: „Wer bin ich?"

Bald wurden seine Augen müde und das Spiegelbild verschwamm zu einer hässlichen Fratze. „Ich bin dein wahres Gesicht", raunte die Fratze. Doch der Mann hörte nicht darauf und fragte wieder: „Wer bin ich?"

Das Spiegelbild verschwamm erneut und es erschien eine strahlende Gottheit. Sie flötete: „Ich bin dein wahres Gesicht." Doch der Mann blieb unbeirrt: „Wer bin ich?"

Lange Zeit starrte er so auf das Spiegelbild und ein Gesicht nach dem anderen tauchte auf, doch keines schien den Mann zu befriedigen. Schließlich brannten seine Augen so sehr, dass er sie schließen musste. Im selben Augenblick stürzte er nach innen ins Dunkle.

RICHARD STIEGLER

Also stelle dir die Frage wieder: Was in mir kann jede Erfahrung beobachten? Frage dich und sei aufmerksam. Was ist das Beobachtende in mir? Sei einfach nur aufmerksam.

Das Beobachtende ist nicht greifbar. Keine Worte können es fassen. Wenn du danach fragst, taucht ein Nichts auf. An der Wurzel jeder Erfahrung wirst du etwas Ungreifbares entdecken.

Widerstehe dem Versuch, es greifen zu wollen, vielmehr lasse dich von diesem Nichts anziehen. Tauche in dieses Nichts ein. Das ist kein Tun und braucht keinerlei Anstrengung, nur ein Sich-fallen-Lassen.

In diesem Moment wirst du zum Nichts (engl.: no-thing = kein Objekt). Hier gibt es nur noch Intensität und Stille. In diesem Moment verlöscht jegliche Erfahrung und jedes Objekt. Alles, was Form hat, wird von Stille verschluckt. Es gibt nur noch reines Sein. Strömend, sich unendlich ausdehnend und still.

Jenseits der Sinne, jenseits des Verstehens, jenseits allen Ausdrucks, ist der Vierte (Aspekt des Selbst). Er ist reines, einheitliches Bewusstsein, innerhalb dessen (sämtliches) Bewusstsein der Welt und Vielfalt vollständig ausgelöscht ist. Er ist unbeschreiblicher Frieden. Er ist das höchste Gut. Er ist Eins ohne ein Zweites. Er ist das Selbst.

UPANISCHADEN

> **Übung:**
> - Wo ist gerade deine Hauptaufmerksamkeit?
> - Welcher Sinn (Spüren, Hören, Sehen, Denken) ist dabei aktiv?
> - Sei dir der Sinneserfahrung (z.B. des Hörens) bewusst.
> - Was in dir kann die Sinneserfahrung (z.B. das Hören) beobachten?
> - Lass dich in die Leere fallen.

Gegenwart ohne Zeit und Ort

Vielleicht dauert diese Nicht-Erfahrung nur einen kurzen Augenblick, vielleicht tauchst du auch für längere Zeit ins Nicht-Erfahren ein, das spielt keine Rolle. In der Stille des Nicht-Erfahrens gibt es keine Zeit. Denn Zeit braucht Gedanken und Objekte, die sich verändern. Im Formlosen gibt es jedoch keine Form mehr und daher weder Veränderung noch Zeit. Wir tauchen ein in eine Gegenwärtigkeit, die außerhalb der Zeit liegt.

Hier offenbart sich uns die wahre Bedeutung von Gegenwart. Normalerweise denken wir immer, Gegenwärtigsein bedeute, mit der augenblicklichen Sinneserfahrung gegenwärtig zu sein. Also achtsam die Objekte unseres Geistes zu beobachten. Diese Art Gegenwärtigkeit ist eine hilfreiche Übung, um sich nicht ständig in Gedanken zu verlieren und die Natur unseres Geistes zu erforschen.

Aber Gegenwärtigkeit in seiner tiefsten Bedeutung ist objektlos und zeitlos. Sie ist reine Präsenz, ohne an irgendetwas gebunden zu sein. Erst im Nicht-Erfahren tritt diese Präsenz vollständig in unser Bewusstsein. Der Fokus unseres Bewusstseins richtet sich nicht mehr auf Erfahrungsobjekte, sondern auf das Bewusstsein selbst. Dadurch werden wir uns des Bewusstseins bewusst. Wir sind Gewahrsein.

Wenn du glaubst, es gäbe etwas mit Namen Geist,
wisse, es ist nur ein Gedanke.
Wenn du glaubst, es gäbe nichts mit Namen Geist,
wisse, es ist nur ein anderer Gedanke.
Dein natürlicher Zustand, frei von jeglichem
Gedanken darüber, das ist deine Buddha-Natur.
Geist ist vergleichbar mit Raum, nicht substanziell,
nicht materiell.

*Ist es nicht verblüffend, dass etwas nicht
Substanzielles auch erfahrbar ist?*

TULKU URGYEN RINPOCHE

Da das Bewusstsein nichts Greifbares hat, keine Form besitzt und keinen Ort, an dem wir es erfahren, tauchen wir ein ins Formlose, ins Zeitlose und in die Ortlosigkeit. Gewahrsein ist ungerichtet, offen, frei von Erfahrung und Objekten. Das bedeutet nicht, dass es keine Objekte mehr gibt, sondern dass der Fokus unserer Aufmerksamkeit ganz im Formlosen weilt. Das Zentrum unseres Seins ist im Gewahrsein, im Nicht-Erfahren.

Früher oder später werden wieder Erfahrungen auftauchen, Geräusche, Körperempfindungen oder Gedanken. Es ist ganz natürlich, dass sich der Kegel unserer Aufmerksamkeit erweitert und Objekte wieder in den Vordergrund treten. Spätestens hier wird unser Verstand einsetzen und versuchen, das Nicht-Erfahren einordnen und begreifen zu wollen.

Als ich die ersten Male intensiv ins Gewahrsein eintauchte, machte ich kurz danach eine erstaunliche Entdeckung. Ich konnte mich kaum noch an das Gewahrsein erinnern, obwohl ich eben noch die intensivsten Augenblicke meines Lebens erfuhr. Aber woran soll sich ein Verstand erinnern, wenn da nichts Greifbares ist. Wie soll man sich an Nichts erinnern? Ohne Objekte gibt es keine Erinnerung. Es bleibt nichts zurück, wenn du nicht an Objekten anhaftest. Da ist strahlendes, reines Bewusstsein. Ein leerer Spiegel.

Die Wahrnehmung ausrichten

Obwohl es an Momente des Nicht-Erfahrens kaum Erinnerungen gibt, haben sie doch eine Wirkung auf uns und unser Leben. Es sind zunächst einzelne Momente des Friedens und der Erholung, die uns nähren. Je öfter und tiefer wir diese Stille erfahren, desto mehr breitet sich dieser Frieden in unserem ganzen Leben aus. Wir sind irgendwie erfüllter, gelassener, zufriedener.

Das liegt daran, dass sich fast unmerklich unser Suchen nach Glück und Erfüllung verändert. Wir haben eine Quelle von Frieden entdeckt, die vollkommen unabhängig von äußeren Umständen sprudelt und die wir jederzeit aufsuchen können. Die Erfüllung von Bedürfnissen und das Erreichen von Zielen wird immer unwichtiger. Und auch Beziehungen, Hobbys oder beruflicher Erfolg verlieren an Gewicht.

Wir sind nicht mehr so verbissen. Die innere Zufriedenheit stimmt uns milder, uns selbst und anderen gegenüber. Unser Leben bekommt mehr Einfachheit. Nicht dadurch, dass es keine Schwierigkeiten mehr gibt, sondern dadurch, dass wir nicht mehr so viel wollen.

Natürlich sind unsere alten Tendenzen, uns in Gedanken und Problemen zu verstricken, nicht ausgelöscht, aber es kann sein, dass es uns immer leichter gelingt, aus Emotionen auszusteigen. Nicht-Tun und Nicht-Denken werden einfacher.

Wie stark das Nicht-Erfahren seine positive Wirkung auf unser Leben entfaltet, hängt davon ab, ob es einzelne seltene Momente des Gewahrseins bleiben oder ob Gewahrsein zu unserem Lebensmittelpunkt wird. Das geschieht, wenn wir unsere Aufmerksamkeit häufiger auf das Nicht-Erfahren ausrichten.

Das ist nicht so schwierig, wie es vielleicht im ersten Moment erscheint. Sich auf das Nicht-Erfahren auszurichten bedarf nur einer subtilen Verschiebung unserer Aufmerksamkeit. Wenn wir erst einmal erkannt haben, worauf wir unsere Aufmerksamkeit zu richten haben, damit die Stille des Gewahrseins auftauchen kann, dann brauchen wir nur „hinzuschauen" und wir sind

Gewahrsein. Es ist nicht schwieriger, als die Aufmerksamkeit auf unsere rechte Hand zu lenken. Ein Gedanke an die rechte Hand genügt und wir spüren sie. Keinerlei Anstrengung ist dazu nötig. Unsere Aufmerksamkeit richtet sich alleine aus, wenn sie weiß, worauf sie sich richten soll.

Haben wir erst einmal Gewahrsein mehrmals (nicht-)erfahren, weiß unsere Aufmerksamkeit, wie sie sich auf formlose Präsenz ausrichten kann. Ist diese Art, zu „schauen" dann zu einer neuen Gewohnheit, einem Wahrnehmungsmuster, herangereift, können wir jederzeit und in jeder Situation ins Gewahrsein eintauchen, nur dadurch, dass wir daran denken.

Es ist vergleichbar mit dem Betrachten eines dreidimensionalen Bildes. Wenn wir ein 3-D-Bild zum ersten Mal betrachten, sehen wir nur merkwürdige, sinnlose Punkte. Wir wissen nicht, wie wir unsere Augen ausrichten müssen, damit das 3-D-Bild auftaucht. Irgendwann erwischen wir durch Experimentieren die richtige Augenstellung und es taucht ein beeindruckendes Bild vor uns auf. Je öfter wir diesen Vorgang wiederholen, desto mehr wird diese Art des Schauens zu einem Muster und wir können mühelos das Bild erkennen.

Wenn du Wasser willst, drehst du den Hahn auf.
Du schaust nicht den Hahn an und heulst und
schreist: „Ich will Wasser."

Doch als kleines Kind wusstest du nicht, wie man den
Wasserhahn aufdreht. Damals hast du, wenn du
etwas trinken wolltest, geweint und Theater gemacht,
so dass deine Mutter und dein Vater den Hahn für
dich aufgedreht haben und dir zu trinken gegeben
haben. Kannst du von der Quelle des ewigen Lebens
trinken, welche deine Wahrheit ist? Du musst nur den

Hahn aufdrehen. Du drehst den Hahn auf, indem du alles loslässt, was du bist. Alles.

SRI NISARGADATTA MAHARAJ

Wenn wir erst einmal ein Wahrnehmungsmuster fürs Nicht-Erfahren ausgebildet haben, brauchen wir auch keine besondere Situation mehr wie Sitzmeditation, um Stille zu berühren. Wir können jederzeit im Alltag für einen Moment von der Quelle trinken. Vielleicht ist dieses Nicht-Erfahren nicht so intensiv und ausschließlich, aber es lässt ein Nebeneinander zu von Nicht-Erfahren und Erfahren, von Stille und Objekten. Stille kann dadurch zu einem ständigen Begleiter unseres Lebens werden.

Der direkte Weg

Bis jetzt habe ich vorgeschlagen, die Stille des Nicht-Erfahrens dadurch zu verwirklichen, dass wir unsere Aufmerksamkeit auf das Beobachtende einer Erfahrung lenken und uns ins Formlose fallen lassen. Das Formlose ist die Abwesenheit von Form oder Leerheit. Leerheit von Objekten.

Aus diesem Grund können wir auch ins Nicht-Erfahren eintauchen, wenn wir direkt Momente von Leere fokussieren. In manchen spirituellen Traditionen gilt die Methode, Leere als Tor zu Stille zu nutzen, als der direkte Weg.

Leere ist zunächst keine besondere spirituelle Erfahrung, sondern ein Bestandteil unseres gewöhnlichen Lebens. Ihr wird normalerweise keine Bedeutung beigemessen, da sie aus unserer alltäglichen Perspektive lediglich die Abwesenheit von etwas bedeutet. Hiermit wird deutlich, dass die jeweilige Perspektive, die wir einnehmen, maßgeblich dafür verantwortlich ist, *was* wir wahrnehmen. Schauen wir nur auf die Objekte und geben der Leere keinen Wert, wird sie eine Randerscheinung unseres Lebens bleiben. Wenn wir jedoch bewusst auf Leere achten, werden wir sie überall in unserem Leben finden.

In allen Zwischenräumen können wir Leerheit entdecken. Zwischen tanzenden Schneeflocken, zwischen zwei Handlungen, zwischen Ausatmen und Einatmen, zwischen zwei Gedanken. Sobald wir unsere Wahrnehmung dafür sensibilisieren, taucht Leere auf. Nimm dir einen Moment dafür, jetzt Leere zu bemerken.

Natürlich sind diese Momente von Leere noch nicht gleichbedeutend mit der Leere des Nicht-Erfahrens. Wenn wir zum Beispiel die Leere zwischen zwei Atemzügen beobachten, ist der Moment der Atempause eine Erfahrung. Es gibt weiterhin das Beobachtende und ein Objekt. Wir sind nicht die Leere. Und doch können uns diese Momente als Tor dienen, um in die objektlose Leere des Nicht-Erfahrens einzutauchen.

Aber nur dann, wenn wir unsere Aufmerksamkeit vollständig auf die Leere richten. Das ist etwas, was wir normalerweise niemals tun. Wie ich schon zu Beginn dieses Kapitels beschrieben habe, ist unsere Wahrnehmung auf das Etwas geeicht, nicht auf das Nichts. Trotzdem ist es möglich, bewusst unsere Aufmerksamkeit auf die Leere, das Nichts, zu richten.

Nichts ist realer als Nichts.
    Samuel Beckett

Stell dir vor, du bist alleine in einer Kirche, und es ist absolut still um dich herum. Äußere Stille ist eine Abwesenheit von Lärm, also eine Leere. Natürlich bemerkst du die Stille, aber normalerweise lässt du dich lieber von den Fresken und Bildern um dich herum oder deinen Gedanken ablenken. Aber heute ist es anders. Die Stille zieht dich an, und du schließt für einen Augenblick die Augen, um dich ganz auf die Stille um dich herum zu konzentrieren. Du hörst keinen Laut. Du hörst nichts. Du bist Nicht-Hören. Ein Aufmerksamsein ohne Objekt.

Leere wahrzunehmen ist gleichbedeutend mit Nicht-Wahrnehmen. Äußere Stille zu hören ist gleichbedeutend mit Nicht-Hören. Auf diese Weise kann unser Erleben, wenn wir uns ganz auf das Nichts konzentrieren, plötzlich ins Nicht-Erfahren eintauchen. Da gibt es kein Subjekt mehr, das ein „Objekt" – das Nichts – beobachtet. Es gibt nur noch reine Beobachtung ohne Objekt, also objektlose Präsenz.

Verschiedene Tore

Verschiedene Arten von Leere können hilfreich sein, um ins Nicht-Erfahren einzutauchen. Äußere Stille ist eine davon. Eine andere Leere finden wir in Gedankenpausen, wie ich bereits im letzten Kapitel beschrieben habe.

Eine weitere klassische Art, Leerheit zu entdecken, ist die Atemlücke zwischen Ausatmen und Einatmen. Hier nutzen wir den Wahrnehmungskanal des Spürens, um ins Nicht-Erfahren einzutauchen. In der Atemlücke spüren wir nichts. Keine Bewegung. Nichts zu spüren heißt, kein Objekt wahrzunehmen. Wir sind Nicht-Spüren. Reine Aufmerksamkeit. Und wieder ist der springende Punkt dabei, dass wir ganz auf das Nicht-Spüren in der Atemlücke fokussieren.

Nicht-Spüren können wir nicht nur in der Atemlücke, sondern auch mithilfe anderer Körperstellen. Es müssen jedoch Körperstellen sein, die wir eben nicht spüren. Vielleicht eine Körperstelle, die wir nur diffus oder als Loch wahrnehmen. Die meisten

Menschen betrachten solche Körperstellen als Problem. Sie haben das Gefühl, Körperstellen nicht zu spüren sei ein Mangel, und sie bemühen sich, diese Stellen besser zu spüren.

Wenn wir jedoch eine andere Perspektive einnehmen, sind diese Bereiche nichts anderes als eine Leere im Körper und gerade dadurch ein Tor zum Nicht-Spüren. Wie in der Atemlücke, bedeutet eine Körperstelle nicht zu spüren, kein Sinnesobjekt zu haben und damit Nicht-Spüren.

Das „Nichts" ist nur so lange ein Nichts, wie wir unter dem Zwang stehen zu meinen, es müsse etwas werden. Sobald wir uns auf das Nichts einlassen, wird uns alles Weitere gegeben.

CLAUDIO NARANJO

Jeder Wahrnehmungskanal kann genutzt werden, um in die Nicht-Erfahrung einzutauchen, denn in jedem Wahrnehmungskanal gibt es Lücken von Nicht-Erfahrung, also Leerheit oder die Abwesenheit von Objekten.

Die wichtigsten Kanäle, durch die wir das Leben wahrnehmen, sind körperliche Empfindungen, Hören, Sehen und auch Denken. Denken wird im Buddhismus als sechster Sinn betrachtet, da uns das Denken genauso wie die anderen Sinne die Welt erschließt. Auch Denken ist auf Objekte ausgerichtet.

Die Tore zum Nicht-Spüren sind Atemlücken und nicht wahrnehmbare Körperstellen. Beim Hören sind es Momente von Lautlosigkeit. Beim Sehen ist es vollkommene Dunkelheit oder auch das Betrachten von Zwischenräumen, der Himmelsraum oder der Raum zwischen tanzenden Schneeflocken. Und bei den Gedanken können wir auf die Gedankenpause achten.

Obwohl jede Wahrnehmungslücke gleichermaßen als Tor dienen kann, ist nicht jeder Kanal für jeden Menschen gleich hilfreich. Ich habe immer wieder die Erfahrung gemacht, dass manche Menschen sich nicht auf die Atemlücke konzentrieren können, ohne sich dabei zu verkrampfen. Sie beginnen unbewusst ihren Atem zu kontrollieren und verhindern so das Nicht-Spüren. Nicht-Erfahren ist ein Prozess des Loslassens. Jede Kontrolle verhindert diesen Prozess.

Wollen wir die Leere als Tor nutzen, ist es aus diesem Grund hilfreich, mit allen Kanälen zu experimentieren, bis wir die Kanäle finden, die uns am meisten unterstützen, unsere Aufmerksamkeit auf das Nichts zu richten, ohne uns dabei zu verspannen.

> **Übung: Leere als Tor nutzen**
>
> - Experimentiere mit den vier Hauptwahrnehmungskanälen: Spüren, Hören, Sehen, Denken und finde heraus, in welchem Kanal du mühelos und entspannt die Lücke beobachten kannst.
> - Konzentriere dich in dem von dir bevorzugten Kanal auf die Lücke.
> - Fokussiere ganz auf die Leere/Stille in dieser Lücke.

Leere und Fülle

Je mehr wir eintauchen ins Nicht-Erfahren, desto mehr wird uns eine Dimension bewusst, in der wir heil sind. Hier fühlen wir uns ganz und alles ist gut, so wie es ist. Wir fühlen uns geborgen und erfüllt. Hier erkennen wir, dass wir nicht heil *werden* müssen, sondern dass es einen „Ort" gibt, an dem wir heil sind.

Dabei ist nicht die Leere das Heilsame und Erfüllende dieser Dimension, sondern das Absolute, das durch die Leerheit schimmert. Hier berühren wir unsere wahre Natur, das formlose Bewusstsein, und wir erfahren eine andere Art von Erfüllung: die Fülle des Seins.

Normalerweise bedeutet Erfüllung für uns, dass sich ein Wunsch erfüllt. Dann fühlen wir uns für einen Moment materiell oder emotional reich. Im Leersein jedoch berühren wir eine Fülle, die gänzlich verschieden davon ist. Diese Fülle wurzelt im Nicht-Erfahren, im Kontakt mit unserem Seinsgrund.

Denn in ihm wohnt die ganze Fülle des leibhaftigen
Gottes, und ihr habt diese Fülle in ihm.
    APOSTEL PAULUS

7 Keine Welt

Als ich noch ein Kind war, durfte ich, immer wenn ich krank war, tagsüber auf der Wohnzimmercouch liegen. Meine Mutter hatte viel im Haushalt zu tun und so döste ich oft lange Zeit still liegend und ohne mich zu beschäftigen vor mich hin. Ich kann mich noch sehr genau erinnern, wie ich mit Gliederschmerzen dalag, das Sonnenlicht im Garten mit halb offenen Augen einfangend und im Hintergrund den Geräuschen meiner Mutter in der Küche lauschend.

Irgendwann verschmolzen die Schmerzen, die Geräusche und das Licht zu einem einzigen großen Wahrnehmungsfluss. Es gab keinen Unterschied mehr zwischen dem Geräusch meiner Mutter und dem Geräusch des Windes in den Bäumen. Alles wurde zu einem einzigen Gesang. Da war kein Unterschied mehr zwischen den Eichen in unserem Garten, dem sanften Sonnenlicht und der Teetasse vor mir. Vordergrund und Hintergrund verschmolzen zu einem einzigen Bild.

Ruhig und beständig strömte dieser Wahrnehmungsfluss durch mich hindurch und nährte mich auf geheimnisvolle Weise. Es waren magische Momente ohne Zeit. Trotz meiner Schwäche und meiner Schmerzen fühlte ich mich wohl und geborgen.

Die Vertreibung aus dem Paradies

In der Wahrnehmungswelt von Babys gibt es noch keine Differenzierung. Für sie ist alles eins. Es gibt kein Innen und kein Außen, kein Ich und kein Du, keinen Vordergrund und keinen Hintergrund. Eine einzige undifferenzierte Wahrnehmungswolke umgibt sie, ohne die Möglichkeit, scharf zu stellen. Babys leben in der Erfahrung von Einheit und Unschärfe.

Doch rasch beginnen sie zu lernen, wie sie verschiedene Wahrnehmungsobjekte unterscheiden können. Sie erkennen dann das Mobile im Vordergrund und die Wand dahinter. Sie erkennen das Lächeln der Mutter und können es unterscheiden vom Lächeln eines anderen Menschen. Sie lernen zwischen verschiedenen Geräuschen zu differenzieren und verknüpfen sie mit Bildern und Wörtern. Einem bestimmten hohen Ton wird das Bild eines Vogels zugeordnet und einem bestimmten tiefen Ton das Bild einer Kuh.

Auf diese Weise lernt unser Verstand immer mehr, zu differenzieren und verschiedene Wahrnehmungseindrücke in unserem Geist zu verknüpfen. Wir treten aus der Unschärfeerfahrung der ersten Monate heraus und können uns zunehmend in der Welt orientieren. Gleichzeitig verlieren wir aber auch das Einheitsgefühl dabei.

Es ist die Vertreibung aus dem Paradies Gottes, nachdem wir vom Baum der Erkenntnis gegessen haben. Mit der Erkenntnis kommt die Fähigkeit zur Unterscheidung und Differenzierung. Natürlich ist die Vertreibung aus dem Paradies keine Strafe Gottes, sondern ein notwendiger evolutionärer Schritt des Reifens. Wir müssen die Einheit verlassen, wenn wir die Welt entdecken und darin leben wollen.

Durch den Reifeprozess der Differenzierung entsteht eine solide Welt, in der wir fortan unhinterfragt leben. Dabei sind wir uns nicht bewusst, dass unser Geist die unterschiedlichen Wahrnehmungseindrücke mit Hilfe von Wörtern und Bildern zu einer soliden Welt zusammensetzt.

Wie wir die Welt zusammensetzen

Zum ersten Mal, als mir bewusst wurde, dass die Welt nicht unabhängig von unserem Geist existiert, saß ich nicht in Meditation versunken, sondern beobachtete meinen Sohn beim Gameboy-Spiel. Wenn man beim Spielen mit einem Gameboy nicht nur auf das Spiel achtet, sondern darauf, was im Geist dabei geschieht, kann man seine Funktionsweise studieren.

Ein Gameboy hat einen kleinen Bildschirm, auf dem man einen winzigen zweidimensionalen Ausschnitt einer künstlichen Welt sieht. Durch diese virtuelle Welt kann man ein kleines Männchen per Knopfdruck bewegen. Der Bildschirm gibt immer nur einen ganz kleinen Ausschnitt der virtuellen Landschaft wieder. Man sieht niemals die ganze Landschaft. Zu Beginn des Spiels hat man also keinerlei Vorstellung und somit keine Orientierung in dieser künstlichen Welt.

Beginnt man nun das Männchen durch diese Welt zu bewegen, setzt ein höchst erstaunlicher Mechanismus ein: Unser Geist fängt an, diese Welt im Kopf zusammenzusetzen. Plötzlich gewinnen wir eine Vorstellung davon, wie diese Welt aufgebaut ist, obwohl wir immer nur einen winzigen Ausschnitt davon sehen. Die virtuelle Welt wird in unserem Geist dreidimensional.

Wir fangen an zu lernen: Wenn dieser Stein kommt, dann kommt gleich ein Wassergraben, obwohl wir den Wassergraben noch gar nicht sehen können. Es entsteht in unserem Geist eine Welt mit Raum, Zeit und Kontinuität. Sie scheint zusammenzuhängen, wird greifbar und real.

Genau das macht unser Geist auch als Kind. Zuerst gibt es die Einheit der Erfahrung. In dieser Einheit gibt es keine Differenzierung und keine Orientierung – ein einheitlicher, unscharfer Erfahrungsfluss ohne Innen und Außen. Dann beginnen wir, die

Einheit der Erfahrung immer mehr zu differenzieren, und wir lernen, Wahrnehmungsmuster auszubilden. Ein bestimmtes Gebilde erkennen wir als Tisch. Ein bestimmtes Geräusch als Stimme. Eine bestimmte Empfindung als Hand.

Und je mehr wir uns durch die Gegenwart bewegen und je mehr Wahrnehmungsmuster wir sammeln und sie mit Erinnerungen verknüpfen, desto mehr entsteht eine vollständige Welt um uns herum. Sie erscheint uns dabei absolut wirklich und solide, als etwas, das unabhängig von uns existiert.

Doch wie im Gameboy-Spiel können wir nur ein paar Meter um uns herum direkt erfahren. Nur das Jetzt, die unmittelbaren Eindrücke von Farben, Geräuschen und Empfindungen sind mit Hilfe von Wahrnehmungsmustern erfahrbar. Alles andere wird in unserem Geist mithilfe von Gedanken bzw. Erinnerungen zusammengesetzt.

Eine Gedankenwelt

Was kannst du in diesem Augenblick unmittelbar wahrnehmen? Den Raum, in dem du sitzt und liest. Und selbst diesen Raum kannst du nur teilweise sehen. Trotzdem gehst du davon aus, dass die Welt hinter den Wänden des Raumes weitergeht. Woher nimmst du diese Gewissheit?

Vermutlich aus vielen einzelnen Wahrnehmungsfragmenten, die du in deiner Erinnerung zu einem Gesamtbild zusammengefügt hast. Obwohl du immer nur wenige Einzeleindrücke zur Verfügung hast, trägst du in dir das Bild einer vollständigen äußeren Welt.

Dabei verlassen wir uns meist vollkommen auf diese Vorstellung von der Welt. Die unmittelbare Wahrnehmung tritt immer mehr in den Hintergrund und hat oft nur noch die Funktion, unser

Bild zu ergänzen. Oder nimmst du bewusst Schritt für Schritt wahr, wenn du den Raum wechselst? Nimmst du noch genau das Gesicht deines Partners oder deiner Partnerin wahr, wenn du mit ihm oder ihr sprichst? Die Umwelt wird mehr punktförmig abgetastet und im Geist ergänzt, als wirklich genau wahrgenommen.

Das ist auch die Ursache für viele Fehler, die uns unterlaufen. Vieles, was nicht ins Bild passt, wird übersehen. Und Dinge, für die es noch kein Wahrnehmungsmuster, kein inneres Bild gibt, scheinen nicht zu existieren. Das ist auch der Grund, warum der Bereich der Stille für die meisten Menschen lange Zeit im Bereich des Unwirklichen bleibt. Wir haben kein Erkennungsmuster dafür.

Wie unser Geist die Welt zusammensetzt, können wir sehr gut beim Vorgang des Hörens beobachten. Wenn du ganz unmittelbar hörst, gibt es eine diffuse Geräuschkulisse. Aber dein Geist differenziert ganz scharf bestimmte Geräusche heraus und sagt dann Stimme, Vogel oder Wind dazu. Und im gleichen Augenblick entsteht auch das Bild eines Menschen oder eines Vogels dazu. Mit jeder Differenzierung geht automatisch ein Etikett und ein Bild einher.

Auf diese Weise setzen wir die Welt zusammen. Und diese Gedankenwelt erscheint in unserem Geist als eine kontinuierliche und verlässliche Größe. Wir empfinden sie als fest, solide und klar von uns getrennt. Sie scheint auch ohne uns zu existieren. Wir denken in Kategorien von Vergangenheit und von Zukunft und diese Kategorien ersetzen und ergänzen unsere unmittelbare Erfahrung.

Wir sind, was wir denken. Alles, was wir sind, taucht auf mit unseren Gedanken. Mit unseren Gedanken kreieren wir die Welt.

BUDDHA

Mit anderen Worten, wir leben tatsächlich in einer virtuellen Welt. Nicht nur wenn wir uns in einem Computerspiel verlieren, sondern immer. Es ist eine Welt, die wir mit Hilfe von Erinnerungen zusammensetzen – eine Gedankenwelt. Das ist unsere alltägliche Perspektive.

> **Übung: Die Welt zusammensetzen**
> - Setze dich ins Freie, schließe die Augen und beobachte Geräusche.
> - Beobachte, wie dein Geist die Geräusche sofort mit Gedanken, Bildern, Empfindungen und Gefühlen verknüpft.
> - Stelle dir vor, wie es wäre, wenn du noch keine Zuordnung zu den Geräuschen hättest?

Die Welt zerfällt

Unser Verstand ist überzeugt davon, dass es eine von uns unabhängige Welt gibt, die wir lediglich beobachten. Womöglich sucht dein Verstand im Moment nach Gegenargumenten, um seine Sichtweise einer unabhängigen Welt zu rechtfertigen. Er argumentiert, dass die Welt doch weiter existiert, wenn du nicht mehr da bist, und dass andere Menschen das Gleiche wahrnehmen wie du.

Doch alle Argumente, die unser Verstand anführt, sind Schlussfolgerungen, also wiederum Gedanken. Sie sind keine unmittelbare Erkenntnis. Jede unmittelbare Wahrnehmung und die daraus resultierende Erkenntnis entsteht in unserem Geist und existiert daher nicht unabhängig von uns.

In der Quantenphysik entstand die Erkenntnis, dass es auf der Ebene von atomaren Elementen keinen unabhängigen Beobachter gibt. Daher wurde bei Versuchen das Wort Beobachter durch das Wort Teilnehmer ersetzt. Eine treffende Beschreibung, die auch unserer Beziehung zur Welt entspricht.

Unser Verstand hat jedoch einen triftigen Grund, die Solidität einer äußeren Welt so vehement zu verteidigen. Denn diese Vorstellung gibt uns Halt. Wir haben Angst davor, dass diese Welt sich auflösen könnte und jegliche Orientierung verloren geht. Wir haben Angst, ins Bodenlose zu stürzen.

Tatsächlich kann dies auch geschehen. Wenn wir eine tiefe unmittelbare Erkenntnis davon bekommen, dass die Welt nicht solide und kontinuierlich ist, können wir für kurze Zeit in einen Zustand fallen, der unserem Verstand höchst bedrohlich erscheint. Die ganze Solidität der Welt bricht auseinander. Die äußere Wirklichkeit zerfällt in Fragmente. Es herrscht völlige Zusammenhangs- und Orientierungslosigkeit.

Das Zerfallen der Welt kann unterschiedlich erfahren werden. Manche Menschen fühlen lediglich eine Verwirrung oder eine Art Schwindel, alles verschwimmt ein wenig. Bei anderen scheint die äußere Wirklichkeit regelrecht in Stücke zu zerspringen. Da verwundert es nicht, dass viele Menschen mit Unsicherheit bis hin zu Panik reagieren und versuchen, möglichst schnell wieder die gewohnte Kontrolle herzustellen.

Wie auch immer sich das Zerfallen der Welt äußert, es ist ein wichtiges Durchgangsstadium, um die Identifikation mit der äußeren Welt zu lösen. In diesem höchst unsicheren Zustand benötigen wir meist eine äußere Bestätigung dafür, dass nichts Schlimmes mit uns geschieht. Daher sind gerade in so einem Moment der Schutz einer Gruppe und die Begleitung durch einen Lehrer oder eine Lehrerin besonders wichtig. Die äußere Struktur einer

Gruppe kann uns die Sicherheit vermitteln, uns ganz in die Halt- und Orientierungslosigkeit hineinzubegeben.

Die Unschärfe zulassen

Wagen wir es, die Orientierungslosigkeit ganz zuzulassen, wird sich nach kurzer Zeit das Gefühl des Auseinanderbrechens legen und die Wahrnehmungsfragmente verbinden sich zu einem einzigen großen undifferenzierten Wahrnehmungsfluss. Wir spüren die Einheit von Erfahrung. Innen und Außen fließen ineinander.

Wir können den Prozess des Auseinanderfallens und der darauf folgenden Einheitserfahrung im Beobachten einer Wasserfontäne erleben. Das Wasser schießt meterhoch in die Luft und zerfällt in tausend kleine Wassertropfen. Wasser wird hier in seiner fragmentierten Form sichtbar. Wenn wir auf die einzelnen Tropfen schauen, entsteht ein Bild von Chaos und Orientierungslosigkeit vor unseren Augen. Wenn wir jedoch länger auf die Kaskaden von Wassertropfen blicken und eintauchen in dieses Chaos, sehen wir immer mehr das Ganze und es entstehen die wunderbarsten Formen und Muster.

Das geschieht jedoch nur, wenn wir die Kontrolle aufgeben. Beide Zustände, das Zerfallen der Welt und die Einheit der Wahrnehmung, beinhalten einen Kontrollverlust, nämlich das vorübergehende Aufgeben unserer differenzierten und durch Gedanken festgelegten Wahrnehmungs- und Erkennungsmuster. Die Welt in ihrer bekannten und scheinbar festgelegten Form löst sich auf.

Jemand führt mich nach draußen und sagt:
„Schau den schönen blauen Himmel an."
Ich stimme ihm zu, aber tief innen weiß ich, dass das
nicht wahr ist. Es gibt keinen Himmel und kein Blau.

Es existiert nicht. Oder die Oase in der Wüste.
Das Wasser. Es existiert nicht.
Es ist eine Fata Morgana. So ist es auch mit der Welt.
Das Universum existiert nur im Traumzustand.
Es ist wie ein Traum.

Robert Adams

Es gibt verschiedene visuelle Übungen, die alle darauf abzielen, unsere festgelegten differenzierten Wahrnehmungsmuster aufzulockern. Das längere Starren in fallendes Wasser bei einer Fontäne oder einem Wasserfall ist eine davon. Natürlich können wir genauso längere Zeit sich bewegende Blätter oder ein vom Wind bewegtes Weizenfeld betrachten. Auch hier verschwimmt unser Blick. Hilfreich dabei ist, unfokussiert, mit einem „weichen Blick", zu schauen.

Vielleicht ist das auch der Grund, warum sich manche Kinder das Schielen angewöhnen. Im Schielen verschwimmt das Bild und wenn wir dies zulassen, stellt sich eine Entspannung und ein „Zu-sich-Kommen" ein. Im Grunde ist Schielen eine Form des Loslassens unserer Erkennungsmuster und unseres Denkens.

Gerade beim Schielen können wir sehr leicht beobachten, wie das Auseinanderfallen der üblichen Wahrnehmung im Grunde eine tiefe Entspannung bewirkt. Wir brauchen nicht mehr zu verstehen und in unserem Geist nicht mehr zu verknüpfen. Die unscharfen Wahrnehmungseindrücke müssen nicht zu einem sinnvollen Bild geordnet werden. Wir tauchen ein ins Nicht-Wissen.

Im Nicht-Wissen lösen wir uns von allen Verknüpfungen, von allem Verstehen, von allen Gedanken. Die Welt wird aber in unserem Geist ganz maßgeblich durch Gedanken zusammengesetzt. Sinneseindrücke werden mit Bildern und Erinnerungen, also mit Gedanken, verknüpft. Tauchen wir ein ins Nicht-Wissen, löst sich damit ein zentraler Bestandteil auf, der für unser Erleben der Welt wesentlich ist.

Je mehr wir eintauchen ins Nicht-Wissen, in diesen unscharfen Wahrnehmungsfluss, und die festgefügte Welt loslassen, desto mehr entsteht ein Seinsgefühl – eine Präsenz jenseits von Gedanken, Wissen und geordneter Wahrnehmung. Wir fühlen uns bei uns angekommen.

Die Welt verschwindet

Die Wahrnehmung der Welt verschwimmt und auch die Grenzen zwischen innen und außen fließen ineinander. Das Wissen um die Welt löst sich auf. Es bleibt ein großer undifferenzierter, einheitlicher Wahrnehmungsfluss.

Doch immer noch gibt es eine Sinneserfahrung der Welt, wenn auch sehr verschwommen. In diesem Stadium ist der Mittelpunkt unserer Aufmerksamkeit immer noch eine Erfahrung und nicht das formlose Bewusstsein. Daher ist der nächste Schritt, uns von der Identifizierung mit der Welt zu lösen, das Eintauchen ins Nicht-Erfahren. Erst im Nicht-Erfahren verschwindet jede Erfahrung und damit die Welt aus unserem Blickfeld und es bleibt unberührte Stille.

> *Vergessen Sie das Wissen, doch erinnern Sie sich daran, dass Sie der Wissende sind.*
> *Versinken sie nicht andauernd in ihren Erfahrungen.*
> *Erinnern Sie sich daran, dass sie jenseits des Erfahrenden sind – auf ewig ungeboren und unsterblich.*
> *Durch diese Erinnerung erscheint das reine Wissen, das Licht bedingungslosen Gewahrseins.*
>
> SRI NISARGADATTA MAHARAJ

Sri Nisargadatta Maharaj beschreibt in diesen Zeilen die zwei zentralen Schritte, um sich von der Welt zu lösen: das Eintauchen ins Nicht-Wissen und ins Nicht-Erfahren. Und er erinnert uns daran, dass dies nur durch den Perspektivenwechsel geschehen kann, nicht auf die Sinneserfahrungen zu schauen, sondern auf das, was wahrnimmt. Auf das Licht des Gewahrseins, wie er es nennt.

Lass deinen Blick sich entspannen und schaue weich und unfokussiert in den Raum, in dem du sitzt. Entspanne dich dabei und lasse deinen Blick verschwimmen. Und dann frage dich, was beobachtet diese Wahrnehmungswolke?

Diese Frage ist keine Aufforderung zur Suche nach einer Antwort. Lasse vielmehr alle Gedanken, die dein Verstand dir anbietet, ziehen. Bleibe bei der Frage: Was beobachtet? Du wirst nur Leere finden, nur Offenheit, Durchlässigkeit und mitten darin Präsenz und Stille. Entspanne dich immer tiefer in diese ungreifbare Präsenz hinein, die du an der Wurzel jeglicher Erfahrung findest. Wenn du dich in Gedanken verlierst, frage dich wieder: Was kann diese Gedanken beobachten? Oder noch einmal: Was kann die Sinneserfahrung beobachten? Frage und lausche!

Der Perspektivenwechsel ist wie eine Implosion. Wir stürzen nach innen in die Leere, ins Nichts. Alle Objekte, alle Erfahrungen – die ganze Welt wird von der Leere verschluckt. Es erinnert an die schwarzen Löcher im Weltraum, die alle Materie und alles Licht verschlucken.

Bei manchen Menschen ist dann Weite und Stille im Vordergrund, bei anderen eine intensive, objektlose Präsenz. Doch beides ist Ausdruck des Gewahrseins – sich der reinen Aufmerksamkeit bewusst zu sein.

Von diesem „Nicht-Ort" aus betrachtet, wirken alle Sinneseindrücke und das Denken wie ein flüchtiger Traum. Ein Traum, der uns die Welt als solide und unabhängig von uns existierend erscheinen lässt. Im Loslassen von Gedanken und Erfahrungen begegnen wir einer Dimension jenseits der gewöhnlichen Wirklichkeit, die uns jetzt substanzieller erscheint als die materielle Welt. Eine formlose Präsenz, die keine äußere Welt kennt.

> **Übung: Wie wir die Welt erschaffen**
> - Erforsche, wie du gerade die Welt erschaffst (aus Sinneseindrücken, Gedanken, Bildern, Erinnerungen)
> - Was bleibt?

Welt und Nicht-Welt

Natürlich kehrt die Sinneswahrnehmung zurück, und unsere Wahrnehmungsmuster und unser Verstand setzen die Welt wieder in der gewohnten Weise zusammen. Wir können uns wieder darin orientieren und bewegen. Aber mit jeder Erfahrung von Nicht-Welt wird unsere Überzeugung einer von uns unabhängigen Welt erschüttert und immer mehr in Frage gestellt.

Die Dimension der Objekte und Erfahrungen, also der äußeren Wirklichkeit, wird immer relativer und unwesentlicher, traumgleich. Und wenn wir außerdem immer wieder genau unseren Geist studieren, wie er die äußere Welt aus Sinneseindrücken, Gedanken, Bildern und Erinnerungen zusammensetzt, verstärkt das diese neue Perspektive.

Vor kurzem wurde mir von einer Frau erzählt, die den Wunsch habe, durch Wände gehen zu können. Sie sei überzeugt, dass das möglich sein müsse. Das erinnert mich auch an Geschichten von Gespenstern, die durch Wände gehen können. Mir scheint, dass dieser Wunsch und diese Geschichten in der Erfahrung von Nicht-Welt wurzeln.

Tatsächlich können wir in einen Zustand geraten, in dem uns die Existenz einer äußeren Wirklichkeit vollkommen abhanden kommt und wir das Gefühl haben, uns durch ein Nichts hindurchzubewegen. Wir sehen eine Teetasse und wissen gleichzeitig mit absoluter Klarheit, dass sie die Projektion unseres Geistes ist, also ein Traum. Wir gehen spazieren und haben das Empfinden, als sei die Landschaft nicht außerhalb von uns. Das erzeugt das merkwürdige Gefühl, durch unser eigenes Inneres hindurchzuwandern. Und wenn wir einen Baum anfassen, spüren wir ihn und haben trotzdem das Gefühl, ins Leere zu greifen.

Im Erkennen dessen, dass jegliche Erfahrung einer Projektion unseres Geistes entspringt, existiert die Erfahrung von Welt und Nicht-Welt gleichzeitig.

Gibt es keine Welt?

In diesem Zustand könnte man vorschnell zu dem Schluss kommen, dass es tatsächlich keine äußere Welt gibt. Damit würden wir uns mit der Gegenposition unserer alltäglichen Perspektive identifizieren. Das ist jedoch nicht mit der Erfahrung von Nicht-Welt gemeint. Natürlich manifestiert sich das Sein in vielfältigsten Phänomenen, die auch außerhalb unseres Geistes sichtbar werden, doch nichts, was wir wahrnehmen und erfahren können, hat eine von unserem Geist unabhängige Daseinsform.

Die Dimension von Nicht-Welt ist eine Erfahrungsdimension. Denn was existiert anderes für uns als das, was wir erfahren, erdenken, erfühlen können? Das bedeutet: Unser gesamtes Erleben der Welt geschieht nicht unabhängig von uns und von unserem Geist, sondern durch ihn. Nur in diesem Sinne gibt es die Erfahrung von Nicht-Welt.

So wie die Farben in diesem Teppich durch das Licht sichtbar werden, doch das Licht nicht die Farben ist, so entsteht die Welt durch Sie, doch Sie sind nicht die Welt.

    Sri Nisargadatta Maharaj

Es wäre eine Falle, zu glauben, es gebe außerhalb unseres Geistes nichts. Das könnte dazu führen, dass sich Allmachtsphantasien breit machen. Nach dem Motto: Wenn es schon außerhalb von uns keine Wirklichkeit gibt, dann können wir uns auch die Wirklichkeit so „hindenken", wie wir es für gut befinden. Wir basteln uns eine schöne Welt.

Dieses magische Denken entspringt einer alten Neigung des Ichs, sich als der Mittelpunkt der Welt zu fühlen und nur angenehme Gefühle zu wollen. Das Erleben, dass die Welt nur eine Projektion unseres Geistes ist, scheint das Gefühl von „Mittelpunktsein" zu bestätigen und zu verstärken. Diese Sichtweise finden wir in manchen esoterischen Systemen, die uns versprechen, wir könnten die Welt, da sie ja nicht unabhängig von unserem Geist existiert, unseren Vorlieben entsprechend kreieren.

Diese Betrachtungsweise führt aber nicht zur vollkommenen Befreiung, sondern stärkt unser Ich und damit unser inneres Gefängnis aus Vorlieben und Vorstellungen. Selbst wenn sich unser Leben kurzzeitig in Richtung unserer Vorlieben verändern sollte, verstärkt diese Haltung unser Anhaften an Vorlieben und führt langfristig zu mehr Leiden. Doch wie folgende Geschichte verdeutlicht, können wir uns sehr schnell von dieser Identifizierung lösen.

*Kommt ein Schüler aufgeregt zum Meister und sagt:
„Meister, ich habe erkannt, dass es nichts gibt. Kein Laut
dringt an mein Ohr und mein Auge sieht dich nicht."*

*Der Meister versetzt ihm darauf einen kräftigen Schlag
und fragt schmunzelnd: „Wie ist es, nicht geschlagen zu
werden?"*

Richard Stiegler

Ob es ein spiritueller Meister ist, der uns diesen Schlag versetzt oder das Leben selbst durch einen Schicksalsschlag, spielt dabei keine Rolle. Wir können sicher sein, dass der Schlag kommen wird.

„Ich habe genug"

Wenn wir die Erkenntnis von Nicht-Welt verinnerlichen, verlieren die Erfahrungen der Welt immer mehr an Bedeutung und wir tauchen immer öfter ein in die Stille des Nicht-Erfahrens. Das Erstaunliche ist, dass uns in dieser Stille, die aus der Abwesenheit von allem entsteht, nichts fehlt, sondern dass sie uns erfüllt.

Wer dieses grundlose Erfülltsein kennt, beginnt sich danach zu sehnen. Wen verwundert es da, dass Leere und Stille zu diesem Zeitpunkt ganz natürlich einen besonderen Stellenwert in unserem Leben bekommen. Leere zieht uns immer mehr an.

*Wenn du wahren Frieden gefunden hast, wird es dich
verlangen zu sehen, ob es noch tieferen Frieden gibt.
Dieses Verlangen ist „selbstwärts", nicht auswärts.*

Poonja

Diese Sehnsucht ist eine enorm wichtige Kraft, wenn wir immer tiefer die Natur von Stille verwirklichen wollen. Es ist eine nach innen gerichtete Sehnsucht, die dazu führt, dass wir uns zeitweise von Menschen und Aktivitäten zurückziehen, um allein zu sein, um zu meditieren oder einfach nur zu lauschen.

Von den uns umgebenden Menschen wird das manchmal verwechselt mit Egoismus. Es scheint, als wären uns diese Menschen nicht mehr wichtig. Und tatsächlich kann es in dieser Phase sein, dass Beziehungen für uns einen anderen Stellenwert bekommen. Wir suchen weniger oder sogar nichts mehr in Beziehungen. Wir sind nicht mehr so bedürftig. Zugleich aber sind wir annehmender und können andere mehr in ihrer Eigenheit sehen und lassen.

Von außen betrachtet scheinen wir uns jedoch nur um uns selbst zu drehen. Wir wollen mehr allein sein und auch die Bedürfnisse anderer nicht mehr in dem Maße befriedigen wie zuvor. In Wirklichkeit ist es keine Beschäftigung mit uns selbst, sondern wir wenden uns einer Dimension zu, die frei ist von selbstsüchtigen Gedanken.

Wie in den wunderschönen Kantaten von Johann Sebastian Bach, in denen sehnsüchtig besungen wird, dass man genug vom Leben hat und sich den Tod herbeiwünscht, um eins zu werden mit dem Heiland, so kann es sein, dass wir der Welt ganz den Rücken kehren wollen und uns nichts sehnlicher wünschen, als restlos einzutauchen in die Dimension der Stille. Dabei ist diese Weltabgewandtheit kein Ausdruck von Verzweiflung oder Lebensunlust, wie es im ersten Moment erscheinen mag, sondern im Gegenteil: eine Hinwendung zur Lebendigkeit des Seins, zum ewigen Leben, wie es im Christentum treffend benannt wird.

Choral:

Komm, oh Tod, des Schlafes Bruder,
Komm und führe mich nur fort;
Löse meines Schiffleins Ruder,
Bringe mich an sichern Port!
Es mag, wer da will, dich scheuen,
Du kannst mich vielmehr erfreuen;
Denn durch dich komm ich herein
Zu dem schönsten Jesulein.

JOHANN FRANCK (1653)

8 Kein Ich

In der Natur zu meditieren, ist für viele Menschen eine Inspiration. Die Natur unterstützt uns mit ihrer Frische und Lebendigkeit in unserer Präsenz und kann uns viele Aspekte des Seins nahe bringen, da sie diese in lebendiger Weise verkörpert.

Aus diesem Grund führe ich Gruppen immer wieder hinaus, um an bestimmten Orten in der Natur zu lauschen. Wenn es um den Aspekt der Ichlosigkeit geht, gehe ich mit Gruppen manchmal an einen Fluss. Die Teilnehmerinnen lassen sich dort einzeln nieder, stellen sich die Frage „Wer bin ich?" und lauschen. Tatsächlich kann uns ein Fluss in besonders anschaulicher Weise das Wesen der Ichlosigkeit vermitteln.

Wenn wir an einem Fluss sitzen und uns bei seiner Betrachtung die Frage stellen „Wer bin ich?", können wir uns seiner Formlosigkeit bewusst werden. Wir stellen uns vor, selbst dieser Fluss zu sein, und fragen uns, wo unser Anfang und wo das Ende ist? Ist der Anfang die Quelle oder das Wasser, das noch unter der Erde fließt und sich zur Quelle sammelt? Sind es die vielen kleinen Zuläufe des Flusses oder die Wolken, die das Wasser herabregnen lassen? Ist der Anfang das Meer, das zur Wolke verdunstet oder der Fluss, der das Meer speist?

Würde ich als Fluss „Ich" sagen können, würde ich mich dann nur als Flussbett fühlen oder auch als Quelle, als Wolke, als Meer und alle Flüsse dieser Erde? Wenn wir auf diese Weise über die Natur des Flusses meditieren und uns fragen, was das Ich ist, finden wir keine Grenze. Obwohl es eine Form zu geben scheint, die wir Fluss nennen, finden wir bei näherer Betrachtung nichts Abgetrenntes.

Vielleicht tauchen wir dann ein in die Vorstellung, Fluss zu sein, und werden zu einem immer währenden Fließen ohne Anfang und ohne Ende. Hier gibt es keine Zeit, keine Vergänglichkeit. In diesem Fließen fühlen wir eine Ganzheit, die niemals gestört oder verletzt werden kann.

Das Gespenst mit Namen Ich

Unser gewöhnliches Lebensgefühl ist jedoch völlig anders. Wir fühlen uns als individuelles, abgetrenntes Wesen, das wir als Ich bezeichnen. Fragen wir einen Menschen auf der Straße danach, ob er weiß, was er damit meine, wenn er Ich sagt, wird dieser vermutlich steif und fest behaupten, es zu wissen. Fragen wir ihn, woher und wie er das weiß, wird er uns wahrscheinlich für verrückt erklären oder sich sehr verwirrt eingestehen, dass er darüber noch nie nachgedacht hat. Wer hinterfragt schon etwas so Selbstverständliches wie das Ichgefühl?

Tatsächlich ist es sehr verwirrend, wenn wir uns eingehender mit unserem Ich befassen. Wir bemerken dann, dass das Ich keine feststehende Größe ist, sondern sich enorm verändern, vergrößern und verkleinern kann, je nachdem, womit wir uns gerade identifizieren. Im ersten Moment denken fast alle Menschen an ihren Körper, wenn sie vom Ich sprechen. Aber wir reagieren nicht nur verletzt, wenn wir körperlich verletzt werden, sondern wir sind genauso persönlich getroffen, wenn uns etwas genommen wird, was wir lieben.

Es scheint, als würde sich unser Ich ausdehnen können auf alles, was uns ständig umgibt: Orte, Kleider, Rollen, Beziehungen. Jemand, der sein Auto liebt, erzählte mir, dass er bei einem Unfall den Blechschaden seines Autos als seelisch-körperlichen Schmerz empfand. Das Auto war zu einem Teil seines Ichs geworden.

Jede Art von Verlust wird als Destabilisierung unseres Ichgefühls empfunden. Je nachdem, wie stark wir mit etwas oder jemandem identifiziert sind, wird uns sein Verlust entsprechend schwerwiegend treffen. Zum Beispiel wird der Verlust eines Partners oder eines Kindes als schwerer Schlag empfunden. Etwas Wesentliches wird uns genommen. Wir fühlen einen tiefen Mangel, als ob uns ein Körperteil entrissen worden wäre. Und tatsächlich reißt uns ein Verlust ein Loch in unser Gefühl von Ganzheit. Genau genommen wird uns etwas Inneres entrissen, ein Teil unserer Ich-Identität.

Häufig werden wir uns einer Identifikation oder ihrer Stärke erst voll bewusst, wenn wir zum Loslassen gezwungen werden. Solange die Identifikation bei einem Verlust noch greift, werden wir Schmerz und Verletzung empfinden. Haben wir den Verlust verarbeitet und sind im Frieden damit, bedeutet das nichts anderes, als dass wir der Verkleinerung unseres Ichs zustimmen.

Das Ich ist also kein Ding und nichts Feststehendes, sondern der Prozess der Identifikation. Wie ein Chamäleon kann es sich beliebig mit allem Möglichen verbinden und auf diese Weise sehr groß werden. Es kann aber auch Identifikationsobjekte freiwillig oder gezwungenermaßen wieder loslassen und daher wieder schrumpfen. Und schließlich wird es sich im Laufe unseres Lebens immer wieder verändern. Das wird besonders deutlich, wenn wir unsere Identifikation mit Rollen betrachten, vom Schulkind zum Erwachsenen, zu einer Rolle als Vater oder Mutter, zu einer Berufsrolle usw.

Wir können uns das Ich bildlich als ein inneres Gespenst vorstellen. Es kann sich aufblähen, jede beliebige Form annehmen und sich jederzeit wieder verändern. Tatsächlich geschieht das auch mehrmals täglich, wenn wir unsere Rollen wechseln. Was eben noch wichtig war, ist in der neuen Rolle unwichtig. Wird das Gespenst in seiner aktuellen Form, sprich Identifizierung, angegriffen, schreit es wütend auf oder verteidigt sich. Ist der Angriff jedoch zu stark, bricht seine Form zusammen und es nimmt eine ganz andere Form an, zum Beispiel die Form eines verletzten Kindes.

Der Glaube an ein Ich

Unsere Identifikation mit Besitz macht besonders deutlich, wie flüchtig der Prozess der Identifikation ist. Wir kaufen ein neues Paar Schuhe und schon werden sie zum erweiterten Ich. Wir sagen „meine" Schuhe und sind betroffen, wenn sie beschädigt werden. Allein die Vereinbarung des Kaufes genügt, um uns damit zu identifizieren.

Oder wir mieten eine Wohnung und schon wird sie zu „unserer" Wohnung. Die Vereinbarung genügt, dass sie Teil unseres Ichs wird und unser Selbstwertgefühl mitbestimmt. Je nachdem, wie unser Wertesystem die Wohnung einordnet, werden wir stolz auf die Wohnung sein oder uns dafür schämen. Doch ziehen wir wieder aus und identifizieren uns mit einer anderen Wohnung, schon betrifft uns die alte Wohnung nicht mehr und es ist uns egal, wie sie jetzt aussieht oder was mit ihr geschieht.

Der Mensch grenzt sich innerhalb der Ganzheit ein Stück ab und sagt: „Das gehört mir." Er zäunt gleichsam ein Stück Land ein. Zu dem sagt er „mein". Das Land war seit Urzeiten da und wird auch nach dem Besitzer da sein. Das Land wird vom Zaun nicht berührt. Und Sonne, Regen, Wind, Insekten und Vögel nehmen davon keine Notiz. Der Zaun existiert in Wirklichkeit nicht. Es sei denn, man glaubt an ihn.

    WILLIGIS JÄGER

Was macht eine Wohnung zu „unserer" Wohnung? Es ist nichts weiter, als eine Vereinbarung, die eine Überzeugung von persönlichem Besitz in uns bewirkt. Identifikation ist also nichts weiter als eine Idee und daher ist sie so flüchtig. Solange wir und andere an diese Idee von „mein" und „Ich" glauben, wirkt diese Idee in unserem Erleben als Realität. Wenn wir diese Idee aufgeben, löst sich die Identifikation auf. Die Wohnung, die Schuhe oder das Auto sind sowieso unbeeindruckt davon, ob wir „mein" dazu sagen oder nicht.

Nichtsdestoweniger hat die Idee von „Ich" und „mein" eine enorme Wirkung auf unser Erleben, und manche Besitzvorstellungen halten sich so hartnäckig, dass wir sie kaum mehr loslassen können und lange Zeit darunter leiden. Das sieht man bei Menschen, die aus ihrer Heimat vertrieben wurden. Obwohl sie vielleicht nach einer gewissen Zeit eine neue Heimat gefunden haben, fühlt sich die Vertreibung oft Jahrzehnte später immer noch wie eine tiefe Wunde an.

Der Prozess der Identifikation lässt uns enorm leiden. Im Grunde ist die Überzeugung vom Ich sogar die Wurzel allen Leidens. An ein Ich zu glauben, bedeutet, sich mit verschiedenen Objekten zu identifizieren wie mit dem Körper, einem Beruf, mit Beziehungen und Besitztümern. Wir haben das Gefühl, „das bin ich" oder „das gehört zu mir". Alle Objekte sind jedoch vergänglich, also werden wir leiden, weil wir das Gefühl haben, etwas, was wir sind oder was zu uns gehört, zu verlieren, und das bedroht unser Gefühl von Ganzheit.

Folglich wollen wir unser Ich verteidigen und unser erweitertes Ich – unsere Beziehungen, Rollen und Besitztümer – mehren. Eine lebenslange Anstrengung, die im Endeffekt vergeblich ist.

Identifikation mit bestimmten Objekten hat außerdem zur Folge, dass wir alles andere ausgrenzen. Alles, was nicht im Bereich des Ichs ist, scheint uns daher nichts anzugehen. Hier finden wir auch die Wurzel für all die Gleichgültigkeit, Ausbeutung, Unterdrückung, Profitgier und Kriege, die in der Welt herrschen. Wenn wir ehrlich hinschauen, werden wir erkennen, dass all diese destruktiven Kräfte auch in uns und unseren Beziehungen aktiv sind, solange wir an ein abgegrenztes Ich glauben.

Vergänglichkeit als Tor

Um den Glauben an ein Ich zu erschüttern, ist der traditionelle Weg, sich der Tatsache der Vergänglichkeit zu stellen. In der Vipassana-Meditation beobachten wir daher von Moment zu Moment das Werden und Vergehen aller Objekte im Geist.

Ich sitze und beobachte Körperempfindungen, wie sie kommen und gehen. Ich kann sie beobachten. Gedanken erscheinen und lösen sich wieder auf. Auch alle Gedanken an Besitz, an Verantwortung oder Beziehungen lösen sich wieder auf. Sie erscheinen im Gewahrsein. Bin ich also der Körper oder der Besitz? Bin ich eine Rolle als Psychotherapeut oder Ehemann oder Vater?

Ganz entscheidend für die Erkenntnis der Ichlosigkeit ist, dass wir nicht nur gegenwärtig mit allem sind, sondern vor allem, dass wir die Vergänglichkeit der Objekte studieren. Das bedeutet: Wir achten nicht primär darauf, welche Körperempfindung wir haben, sondern wir beobachten den Prozess des Werdens und Vergehens der Körperempfindung. Auch schauen wir nicht auf den Inhalt der Gedanken, sondern auf ihr Erscheinen und Verschwinden. Es gibt eine wissenschaftliche Untersuchung darüber, dass nur Meditierende, welche die Vergänglichkeit, den ewigen Wandel, im Fokus ihrer Aufmerksamkeit halten können, profunde spirituelle Erkenntnisse machen.

Wir werden dann erkennen, dass sich alles, woran sich unser Ich klammert, früher oder später vergeht. Was ist also das Ich? Was bleibt?

Eintauchen ins Nicht-Erfahren

Doch nicht nur das, womit sich unser Ich identifiziert, vergeht, auch das, womit es sich nicht identifiziert. Alle Ich-Objekte und alle Nicht-Ich-Objekte kommen und gehen. Eine Körperempfindung ist genauso flüchtig wie der Gesang des Vogels. Und alles erscheint und vergeht im Geist. Was ist der Unterschied?

Wenn wir die Phänomene beobachten, wie sie entstehen und vergehen, werden wir keinen Unterschied finden. Es gibt nur die Idee eines Unterschieds, der Gedanke von Ich und Nicht-Ich. Aber jenseits der Gedanken, im Gewahrsein, existieren nur Phänomene des Geistes. Kein Innen, kein Außen, keine Trennung. Sobald wir die Welt der Gedanken verlassen und ins Nicht-Wissen eintauchen, lassen wir auch den Ich-Gedanken zurück. Im Nicht-Denken herrscht Ichlosigkeit. Das bedeutet jedoch noch nicht automatisch, dass uns das in diesem Moment bewusst wird.

Bewusst ist uns meist nur der Friede, der im Nicht-Wissen erfahren wird und der eine unmittelbare Wirkung der Ichlosigkeit ist. Da wir keine Gedanken von „das bin ich" und „das bin ich nicht" haben, gibt es auch in diesem Moment kein Wollen oder Nicht-Wollen. Alles, was normalerweise unseren Geist aufwirbelt, schweigt.

Dieser Friede vertieft sich, je klarer eine Präsenz jenseits aller Phänomene aufleuchtet. Wir tauchen in die Stille des Nicht-Erfahrens ein. Gedanken und Sinneseindrücke schweigen oder treten in den Hintergrund unseres Erlebens. Im Vordergrund ist ein intensives, müheloses Aufmerksamsein.

Manchmal wird diese Stille als die Erkenntnis von „ich bin" beschrieben. Es ist ein bloßes Sein, abgelöst von allen Objekten und allen Identifizierungen. Ich bin nicht mehr Ehemann oder Meditierender. Ich bin nicht mehr derjenige, der hört, denkt oder empfindet, sondern „ich bin". Es ist die Erfahrung von reinem Sein.

Trotzdem ist dieses „ich bin" auch sehr missverständlich, denn es ist nur ein Gedanke, mit dem wir versuchen, diese Präsenz zu beschreiben. Im Nicht-Erfahren selbst gibt es niemanden, der aufmerksam ist. Wir finden kein Ich, das ist. Aber das ist uns meist in der Stille des Nicht-Erfahrens nicht bewusst.

Auf der Suche nach dem Ich

Solange wir mit Stille in Berührung sind, schweigt der Ich-Gedanke, doch kehrt unser Alltagsbewusstsein und unser Verstand zurück, schon sind wir wie eh und je überzeugt davon, dass es uns als individuelles, abgetrenntes Wesen gibt. Wir glauben immer noch, eine eigenständige Person zu sein, und spätestens, wenn uns etwas zuwiderläuft, verteidigen wir unsere Identität mit aller Heftigkeit. Verschwunden ist der Frieden der Leerheit.

Das bedeutet, dass die „Nicht-Erfahrung" von Stille nur wie ein kurzfristiges Aussteigen aus unserer Identität wirkt. Sie vermag den Glauben an ein Ich nicht zu beenden. Wie wir nachts im Schlaf unsere Identität loslassen und eine kurze Erholung genießen, aber am Morgen unser Verstand und unsere Erinnerung zurückkehren und sofort wieder die Kontinuität von Ich und Welt zusammensetzt, so ist auch die Stille nur ein Kurzurlaub vom Ich.

Um die Erkenntnis der Ichlosigkeit zu verwirklichen, genügt es daher nicht, nur in die Stille einzutauchen. Wir benötigen zusätzlich einen Forschergeist, die Lust und die Neugier, Stille tief zu durchdringen. Was ist Stille? Wer bin ich in Stille? Wer erfährt Stille?

Forschen schließt unseren Verstand mit seiner Fähigkeit des Denkens und des Reflektierens ein. Hier wird deutlich, dass unser Verstand grundsätzlich ein wertvolles Instrument ist, wenn wir nicht mit ihm identifiziert sind, sondern ihn sinnvoll für Erkenntnis nutzen. Solange wir mit ihm identifiziert sind, benutzt das Denken uns, indem es nur immer wieder seine alten Sichtweisen wiederholt. Erst wenn wir den „Ort" jenseits des Denkens kennen, das Nicht-Wissen, haben wir die Fähigkeit, schöpferisch zu denken.

Es geht darum, ganz leer zu werden von Gedanken und Wissen, dann kann eine wahrhaft neue Art des Denkens entstehen, eine unvoreingenommene. Dann können wir im eigentlichen Sinne forschen und erkennen.

Nichts von Wert kann einem Verstand geschehen,
der genau weiß, was er will. Denn nichts, was der
Verstand sich vorstellen kann, hat irgendeinen Wert.

    Sri Nisargadatta Maharaj (50)

Um Ichlosigkeit zu verwirklichen, richten wir nun diese offene und unvoreingenommene Neugier auf den Ich-Gedanken. Wir sagen uns: „Ich bin normalerweise überzeugt, dass es mich gibt, also möchte ich einmal wirklich nachschauen, wo ich mich finde." Wir gehen intensiv auf die Suche nach dem Gespenst mit Namen „Ich", das uns zu besetzen scheint. Wir spüren dem Ich-Gedanken in jedem Winkel unseres Seins nach: in jeder Empfindung, in jedem Gedanken, in jeder Wahrnehmung, in jeder Vorliebe.

Wer spürt? Wer denkt? Wer hört? Wer erfährt? Wer stellt sich diese Frage? So forschen wir und trachten mit größter Wachsamkeit und Unvoreingenommenheit, die Quelle jeglicher Erfahrung zu entdecken. Finden wir jemanden, der denkt? Finden wir etwas, das spürt? Können wir das Ich-Gespenst fassen?

Das Ich als Idee entlarven

Natürlich finden wir nichts. Wahrscheinlich tauchen wir dadurch wieder stärker ein in die Stille – ins Nichts. Aber dann fragen wir uns wieder: Wer erfährt diese Stille? – Wieder finden wir nichts.

Allmählich dämmert uns, dass es das Gespenst mit Namen „Ich" nicht gibt. Es gibt das Hören, aber niemanden, der hört. Wir finden Gedanken, aber niemanden, der denkt. Wir finden den Ich-Gedanken, aber wenn wir ihn zu seiner Quelle zurückverfolgen, bekommen wir nichts zu greifen. „Nichts, worauf man den Finger legen könnte", wie es die Tibeter formulieren.

Nur Leid existiert, aber keiner, der leidet;
Es gibt die Tat, aber keinen Täter;
Es gibt das Nirvana, doch niemanden,
der es sucht;
Es gibt den Weg, aber keinen, der darauf geht.

BUDDHA

Das Entscheidende, um die Identifikation mit dem Ich-Gedanken aufzulösen, ist demnach, dass wir durch unmittelbare Erkenntnis das Ich als flüchtige Idee entlarven. Erst dann verliert der Glaube seine Macht über uns und löst sich auf.

Das ist kein einmaliger Vorgang, sondern muss immer wieder im Lichte unserer Bewusstheit geschehen. Schließlich ist der Ich-Gedanke eine tief sitzende Konditionierung, ein Grundgefühl, das uns beinahe schon unser ganzes Leben hindurch begleitet und das im Alltag unentwegt bestätigt wird.

Erst durch die immer wiederkehrende Erkenntnis, dass wir nichts finden und ins Leere fallen, wenn wir genau hinschauen, kann sich mit der Zeit das Ich-Gefühl auflösen. Dadurch tauchen wir nicht nur für Momente ins Nichts, sondern haben immer öfter, auch in ganz alltäglichen Situationen, das Gefühl, dass niemand hört, denkt oder handelt.

Schirm und Mantel gehen im Regen spazieren.

BASHO

Der Ausspruch von Basho scheint witzig, aber er beschreibt genau die Empfindung, die sich mit zunehmender Erkenntnis der Ichlosigkeit einstellt. Es ist ein bisschen, als ob Luft spazieren gehe. Handlungen geschehen, aber niemand handelt. Ein Körper bewegt sich, aber niemand ist drin.

Besitz, Beziehungen und Rollen

Natürlich können wir das Ich nicht nur in tiefer Meditation erforschen, sondern jederzeit und überall. Beim Arbeiten, beim Joggen und beim Lieben. Wir machen uns bewusst, wie wir uns identifizieren und welche Wirkung dies auf uns hat. Besonders lohnend ist es, das Ich in Bezug auf Besitz, Beziehungen und Rollen zu untersuchen, da in allen drei Bereichen das Ich-Gefühl immer wieder aufs Neue bestätigt und gestärkt wird.

Besitz hat für unser Ich eine große Anziehung. Wir sehen ein schönes Haus und sofort kommt der Gedanke: „So eines will ich auch haben." Wir sehen eine schöne Landschaft und sofort denken wir: „Das müsste man fotografieren." Jedes Objekt, das uns attraktiv erscheint oder das uns ständig umgibt, wollen wir uns einverleiben.

Alles, was „mein" ist, stärkt meine Identität. Mein Auto, mein Arbeitsplatz, mein Partner, meine Wohnung, meine Zahnbürste. Jedes Mal, wenn ich „mein" sage, bestätige ich, dass es mich gibt, und dehne mein Ich durch das Besitzen aus. Besitz verleiht dem Ich den Anschein von Größe und Sicherheit. Also sind wir fortwährend bemüht, ihn zu vermehren, zu verteidigen und uns darum zu sorgen.

Besitz ist dennoch genauso illusionär wie das Ich. Es gibt nur die Idee des Besitzens. Und diese existiert nur so lange, wie wir und andere daran glauben. Zu allem, wozu ich „mein" sage, kann es daher interessant sein, sich die Frage zu stellen, ob das Objekt das auch so sieht.

Nimmt meine Zahnbürste Notiz davon, ob ich „mein" zu ihr sage? Ist die Wohnung davon beeindruckt, wenn ich „meine Wohnung" dazu sage? Hat es für den Körper eine Relevanz, ob ich „mein" zu ihm sage oder nicht?

> **Übung: Identität und Besitz**
> 1. Wozu sagst du „mein"?
> 2. Erforsche, wie sich dieser Besitz anfühlt.
> 3. Wie stärkt dieser Besitz dein Ich-Gefühl?
> 4. Wie prägt das Gefühl des Besitzens dein Leben? Z.B. Was tust du, um diesen Besitz zu behalten, zu vermehren oder zu pflegen?
> 5. Gehört dir der Besitz wirklich?
> 6. Was bist du ohne diesen Besitz?
>
> (Alle Fragen immer wieder mit verschiedenen Besitztümern erforschen.)

Besitz festigt unser Ich nicht zuletzt auch darum, weil andere Menschen uns in unserem Glauben bestätigen. Auch sie sagen „mein" und „dein" und streiten darum. Die Bestätigung durch andere Menschen ist der zentrale Faktor, der zu der starken Ausprägung unseres Ich-Gefühls führt. In all unseren Beziehungen, in jedem Kontakt werden wir in der Vorstellung bestätigt, dass es uns als eigenständige, abgetrennte Person gibt. Oder kennst du jemanden, der sich vollständig eins mit dir fühlt, während er mit dir spricht?

Jede Beziehung definiert „mich" und stärkt meine Identität. „Ich bin der Vater von ..., der Sohn von ..., der Ehemann von ..., der Freund von ..., der Kollege von ...." Ich betrachte die anderen als Person und sie mich. Es ist eine ständige Feedback-Schleife, die tausendmal am Tag abläuft. Wie sollte man da auf die Idee kommen, nicht als persönliche und getrennte Wesen zu existieren?

Bestätigung durch Beziehung verleiht dem Ich einen großen Halt und das Gefühl von Eingebundensein. Daher ist es nicht verwunderlich, wie schwer es uns erschüttern kann, wenn sich Beziehungen auflösen. Gleichzeitig fühlt es sich umso freier an, wenn wir uns aus der Identifikation mit Beziehungen lösen.

> **Übung: Identität und Beziehungen**
> 1. Lass eine für dich wichtige Beziehung auftauchen.
> 2. Welches Grundgefühl verbindest du mit dieser Beziehung?
> 3. Welcher Aspekt deiner Identität wird in dieser Beziehung bestätigt?
>   Was vermittelt dir diese Beziehung hinsichtlich der Frage, wer du seist? „Ich bin ..."
> 4. Wie prägt diese Identifizierung dein Leben?

> 5. Bist du „das" wirklich? Bist du auch anders?
> 6. Was wärst du ohne diese Beziehung/ Identifizierung?
>
> (Alle Fragen immer wieder mit verschiedenen Beziehungen erforschen.)

In unseren Beziehungen übernehmen wir viele Rollen. Ein weiterer wichtiger Faktor, der unser Ich nährt. Eine Rolle ist eine bestimmte Funktion, in die wir schlüpfen, wie in einen Pullover: Sekretärin oder Vater, Ehefrau oder Musiker. Leider vergessen wir sehr schnell, dass es nur eine Rolle ist, und identifizieren uns damit. Wir denken, wir sind der Pullover.

Das wird sprachlich sehr deutlich, wenn wir sagen: „Ich bin Sekretärin" oder „Ich bin Mutter". Natürlich müsste es korrekt heißen: „Ich arbeite als Sekretärin" oder „Ich übernehme die Rolle einer Mutter".

Rollen geben unserer Identität Gewicht und je mehr wir uns mit Rollen identifizieren, desto mehr fühlen wir Verantwortung auf unseren Schultern. Wir fühlen uns pflichtbewusst und schwer und das Leben wird zu einer sehr, sehr ernsten Angelegenheit.

In der Familientherapie wird beschrieben, dass das spezifische Gewicht von Eltern zunimmt, je mehr Kinder sie haben. Genau so wirkt sich die Identifikation mit Rollen aus. Je mehr Kinder wir haben, desto mehr verfestigt sich unsere Rolle als Vater oder Mutter, und das wiederum erhöht unser Verantwortungsgefühl und unser Gewicht. Allerdings nur so lange, wie wir damit identifiziert sind. Wenn wir uns bewusst machen, dass wir nicht unsere Rollen sind, fühlen wir uns wieder leichter.

> **Übung: Identität und Rollen**
> 1. Welche Rolle nimmst du in deinem Leben ein?
> 2. Schlüpfe in die Rolle und erforsche, wie sie sich von innen anfühlt!
> 3. Wie stärkt diese Rolle dein Ich-Gefühl?
> 4. Was bist du ohne diese Rolle?
>
> (Alle Fragen immer wieder mit verschiedenen Rollen erforschen.)

Je öfter und gründlicher wir die Vorstellung eines Ichs in den verschiedenen Lebensbereichen untersuchen, desto mehr gerät das Ich-Gefühl ins Wanken. Allein durch das bewusste Sehen des Ich-Glaubens und seiner Wirkung werden wir ihn mit der Zeit als Idee entlarven können, die nur so lange Macht hat, wie wir an sie glauben.

Auf diese Weise erkennen wir zunehmend, dass die Idee eines Ichs nichts Substanzielles oder Reales an sich hat. Mit anderen Worten, wir enttarnen sie als eine Illusion. In diesem Moment verflüchtigt sich diese wie ein Nebel, der sich in den Sonnenstrahlen (unserer Bewusstheit) auflöst und den Blick auf eine weite Landschaft freigibt.

Ich bin ausgewischt worden, bin verschwunden;
nichts ist von mir geblieben.
Ich war nur noch ein Schatten,
kein kleinstes Stäubchen war von mir da.
Ich war ein Tropfen,
im Ozean des Geheimnisses verloren,
und jetzt finde ich diesen Tropfen nicht mehr.

FERRID EDDIN ATTAR

Die Angst, nicht zu sein

Je öfter wir das Ich als bloße Vorstellung erkennen, desto mehr zerfällt die Idee des Ichs als etwas Festes, Solides und Kontinuierliches. Wir können nicht umhin zu bemerken, dass das Ich lediglich eine Idee ist, an die wir uns klammern wie an einen Strohhalm in einem reißenden Fluss. Diese Idee soll uns Halt und Kontinuität im Fluss des Lebens geben und wird doch früher oder später hinweggespült. Wie viel einfacher ist es doch, den Strohhalm loszulassen und so eins mit dem Fluss zu werden?

Es ist einfacher, aber auch bedrohlicher. Wir haben Angst unterzugehen. Eine mächtige Kraft hindert uns daran, den Strohhalm ganz loszulassen. Unser Überlebenstrieb klammert sich fest, und das Ich hat Angst, vernichtet zu werden. Es packt uns nackte Existenzangst. Eine Todesangst, von der wir auf der Schwelle zur Ichlosigkeit ergriffen werden können.

Natürlich sind wir in solchen Augenblicken nicht in Gefahr, physisch zu sterben, auch wenn es sich manchmal so anfühlen mag. Nicht unser Körper stirbt in diesen Momenten, sondern unsere Identität. Daher spricht man in diesem Zusammenhang auch vom Egotod.

Obwohl die Identität nur eine Überzeugung ist, scheint sie uns großen Halt und Kontinuität zu vermitteln. Der Glaube an ein Ich ist die Basis, auf der sich unser gewohntes Erleben von alltäglicher Wirklichkeit aufbaut. Er ist der Grundstein, auf dem unser Lebensgebäude steht. Wenn wir nun entdecken, dass das Gebäude keine Basis hat, sondern auf Sand gebaut ist, haben wir Angst, dass alles zusammenbricht.

Doch wenn wir erkennen, dass es nie einen Grundstein und auch nie ein Gebäude gab, was kann dann noch zusammenbrechen? Alles steht dann Kopf.

Stell dir vor: Niemand liest gerade dieses Buch. Es wird gelesen, zweifellos, aber da ist niemand, der liest. Ist das nicht verrückt? Und wenn du aufstehst, um dich zu bewegen oder um eine Tasse Tee zu trinken, geschieht es, aber niemand ist da, der das macht. Du triffst Freunde und plauderst mit ihnen. Da findet zweifellos Beziehung statt, und doch ist da niemand, der spricht.

Das erste Mal, als ich die unmittelbare Erkenntnis der Ichlosigkeit hatte, musste ich an meine Hochzeit denken und dabei unwillkürlich lachen. Meine Frau hatte „niemanden" geheiratet. Gott sei Dank war ich in diesem Moment so „kopflos", dass mir dieser Gedanke nicht die Angst einjagte, verrückt zu werden. Vielmehr konnte ich mich königlich darüber amüsieren, Alltagsvorstellungen über den Haufen zu werfen.

Die Flamme der Sehnsucht

Doch zunächst fühlt sich die Todesangst äußerst real an und schüttelt uns durch. In diesem Moment können wir nicht sehen, dass es kein Lebensgebäude gibt, das einstürzen könnte. Im Gegenteil, alles scheint zu wanken und wir nehmen möglichst schnell Zuflucht zu vertrauten Kontrollmechanismen. Unser Verstand beginnt wie rasend zu denken und in Windeseile die vertraute Welt und das vertraute Ich wieder zusammenzusetzen, was ihm meist auch sehr leicht gelingt.

Sicherlich werden wir durch ein solches Erlebnis erschreckt und ziehen uns vielleicht für eine Weile von allem Spirituellen zurück. Doch wir kennen bereits den Frieden der Stille, wie können wir uns da mit dem Alltäglichen zufrieden geben? Das Leben ist jetzt irgendwie fade, und die Sehnsucht nach Erfüllung führt uns früher oder später wieder zur Stille.

Sehnsucht ist die Kraft, die uns immer wieder antreibt, wenn wir müde werden. Sie ist die Kraft, die uns weitersuchen lässt, auch wenn wir uns in einer Sackgasse fühlen. Sehnsucht keimt in der Unzufriedenheit und trägt in sich bereits das Wissen um Erfüllung. Denn ohne eine Ahnung von Erfüllung und Frieden entsteht keine Sehnsucht danach.

Wenn der Gast (Syn. für Stille) gesucht wird,
ist es die Intensität des Verlangens nach ihm,
die alles vollbringt. Schaut mich an, ich bin ein
Sklave dieser Intensität.

KABIR

In manchen spirituellen Traditionen wird die Sehnsucht nach Stille auch Flamme genannt. Eine Flamme lodert und spendet Energie und Licht. Die Energie dafür, uns auch unangenehmen Gefühlen, wie zum Beispiel der Todesangst, zu stellen. Das Licht wiederum leuchtet uns den Weg aus und bringt Klarheit. Es ist eine Reflexion der strahlenden Klarheit des formlosen Bewusstseins.

Damit eine Flamme lodern kann, braucht sie Nahrung. Diese findet sie ausreichend in unserer Unzufriedenheit und dem Leiden, das unser Leben durchzieht. In diesem Sinne sollten wir auch unser Leiden wertschätzen und nicht versuchen, es zu verdrängen oder zu überdecken. Es ist der Brennstoff, der unsere spirituelle Sehnsucht nährt und letztlich das Erwachen vorbereitet.

Je öfter und tiefer wir Stille erfahren, desto reiner, heller und kräftiger wird die Flamme in uns lodern, wenn wir Stille wieder aus dem Blick verlieren. So hält sie uns auf Kurs und gibt uns irgendwann auch die Kraft dazu, der Todesangst unseres Ichs nicht auszuweichen, sondern sie ganz zuzulassen.

*Wenn unser Begehren für das Absolute schließlich
stärker wird als unsere Angst vor dem Tod, opfern wir
den Anschein unserer persönlichen Existenz an das
heilige Feuer des grenzenlosen Bewusstseins.*

FRANCIS LUCILLE

Letztlich gibt es nichts zu tun mit der Angst. Wenn wir sie ganz zulassen, verschwindet sie genauso unvermittelt, wie sie gekommen ist. Sie fällt in sich zusammen. Angst, selbst Todesangst, ist ein Phantom. Sie speist sich aus Gedanken, aus Vorstellungen. Und Todesangst speist sich aus der Vorstellung, jemand zu sein. Ein Ich zu haben, das vernichtet werden könnte. Wenn wir vollständig bereit dazu sind, uns vernichten zu lassen, ist der Spuk vorüber.

*Eine Frau hatte einen schlimmen Albtraum. In diesem wurde
sie von einem fürchterlichen, Zähne fletschenden Ungeheuer
verfolgt. Sie hatte das Gefühl, dass das Ungeheuer sie
verschlingen wollte. Viele Stunden, so schien es ihr, versuchte
sie davonzulaufen. Sie rannte und rannte und versteckte
sich, aber immer wieder tauchte das Ungeheuer auf und
war ihr dicht auf den Fersen.*

*Schließlich war sie zu erschöpft, um weiter zu fliehen. Da
nahm sie ihre letzte Kraft zusammen, drehte sich um, blickte
in die blutroten Augen des Ungeheuers und rief ängstlich:
„Warum verfolgst du mich? Was hast du mit mir vor?"*

*Das Ungeheuer senkte den Kopf und antwortete mit breitem
Grinsen: „Woher soll ich das wissen. Das ist doch* dein
Traum."

NACH DANAAN PARRY

„Ich habe kein Ich"

Wenn wir Ichlosigkeit realisieren, und zwar nicht nur als intellektuelles Verständnis, sondern als Lebensgefühl, entsteht zunächst eine merkwürdige Situation. Da gibt es offensichtlich niemanden, der eine Wohnung besitzt, und doch gibt es die Übereinkunft, dass es Besitz gibt. Handlungen geschehen, ohne einen Handelnden, und doch gibt es eine Übereinkunft, Verantwortung für Handlungen zu übernehmen. Niemand erfährt Ichlosigkeit, und trotzdem würden wir vielleicht spontan diese Erkenntnis unseren Freunden mit den Worten mitteilen: „Ich habe kein Ich."

Das wirkt alles sehr paradox. Und doch bedeutet es nichts weiter, als dass der Ich-Gedanke wieder die Bedeutung bekommt, die ihm gebührt. Er ist eine Vorstellung, die zur Orientierung und Unterscheidung dient. Wie der Begriff Wolke nur ein Hinweis auf die Wolke am Himmel ist, so ist auch die Ich-Idee ein Hinweis, aber nicht das, was wir sind.

So kann es weiterhin Sinn machen zu sagen: „Das ist mein Körper und das ist deiner, das ist mein Gedanke und das ist deiner." Aber wir wissen dabei, dass es nur ein gedankliches Unterscheidungsmerkmal zur Verständigung ist und nicht die letzte Wahrheit. Wir sagen „ich" und „mein", aber niemand glaubt daran.

Auf diese Weise dient uns der Ich-Gedanke zur leichteren Verständigung, ebenso wie uns Verstand und Körper mit seinen Fähigkeiten zur Erfahrung als Werkzeug dienlich sind. Doch sind wir dem Ich, dem Verstand und unseren Erfahrungen nicht mehr ausgeliefert. Alles geschieht wie immer, und trotzdem ist unsere Realität frei davon. Es gibt niemanden mehr, dem das geschieht. Wir sind absolut durchlässig geworden. In dieser Freiheit und Durchlässigkeit geschehen Erfahrungen und Gedanken, auch der Ich-Gedanke.

Je mehr wir zu dieser vollkommenen Durchlässigkeit finden, desto mehr haben wir das Gefühl, dass nichts geschieht. Das Leben und die Welt entfalten sich wie immer, zugleich aber herrscht absolute Stille, die Stille des Gewahrseins. Niemand mischt sich ein. Niemand existiert.

Wo kein Ich ist, gibt es kein anderes mehr. Jegliches Gefühl von Trennung verschwindet und wir erfahren Ganzheit. Vollständige Durchlässigkeit und Ganzheit bedingen einander. Wo „wir" nicht sind, ist nur noch Sein.

Wer ist erleuchtet?

Vollständige Realisation von Ichlosigkeit nennt man Erleuchtung oder Erwachen. Der Ausdruck Erleuchtung beschreibt, wie alle Illusionen in Flammen aufgehen und nur noch die Flamme selbst bleibt. Unsere Vorstellung vom Ich verbrennt im Lichte unserer Bewusstheit, und es bleibt nur noch strahlendes, formloses Bewusstsein. Es herrscht eine absolute Klarheit darüber, wer wir sind. All unsere Schleier werden uns genommen. Wir erwachen aus der Illusion von Ich und Trennung.

Doch so faszinierend und erstrebenswert das für unsere Ohren auch klingen mag, diese Realisierung kommt meist nicht wie ein Paukenschlag und auch keine himmlischen Chöre beginnen in diesem Augenblick zu jubilieren – im Gegenteil. Diese Erkenntnis hat etwas sehr Undramatisches, Stilles an sich. Es kommt nichts Neues in unser Leben. Wir sehen nur, was immer schon ist.

Für unser Ich ist das ein bisschen enttäuschend. Wir sehnen uns nach einer großartigen Erfahrung, vielleicht nach süßer Seligkeit oder nach dem Himmel auf Erden. Doch nichts in dieser Art wird geschehen. Wir können nicht einmal behaupten, dass „wir" erleuchtet seien, denn das macht keinen Sinn mehr, wenn wir aus der Illusion eines Ichs erwachen. Es gibt das Erwachen, aber niemanden, der erwacht.

Aus diesem Grund kann vollständige Erkenntnis der Ichlosigkeit nur stattfinden, wenn Wahrheit um ihrer selbst Willen gesucht wird. Sobald sich eine andere Motivation einschleicht, kann die Flamme unserer Sehnsucht nicht mehr rein und hell lodern. Unsere Bewusstheit wird mit einem feinen Schleier aus subtilen Vorlieben überzogen, die unser Ich füttern, anstatt es zu zerstören.

Vielleicht haben wir die Hoffnung, dann berühmt und anerkannt zu sein oder ein besserer Mensch zu werden. Möglicherweise hoffen wir, ein für alle Mal alle unangenehmen Gefühle loszuwerden, oder wir sehnen uns einfach nach dem ultimativen Erlebnis. Was auch immer unser Ich mit dem Erleuchtungswunsch verbindet, es führt uns auf eine falsche Fährte.

Daher ist es wichtig, wenn wir ernsthaft auf der Suche nach Wahrheit sind, dass wir unsere Sehnsucht nach Erwachen betrachten und uns bewusst machen, welche andere Sehnsucht und welcher innere Mangel damit verknüpft sind. Dabei geht es nicht darum, dies zu ändern, sondern es einfach klar zu sehen. Wir betrachten es um der Wahrheit willen und bringen uns dadurch in Einklang mit einer Motivation, die Ausdruck der unbedingten Sehnsucht nach Wahrheit ist.

Die Reinheit ihres Wunsches nach dem Höchsten ist bereits Ausdruck des Höchsten selbst.
SRI NISARGADATTA MAHARAJ

> **Übung: Motivation untersuchen**
> - Welche Sehnsucht verbindest du mit deiner Suche nach Erleuchtung?
> - Welcher Mangel verbirgt sich darin?

9 Ohne Anfang

Vor kurzem beobachtete ich in einem Park eine Weinbergschnecke dabei, wie sie über einen breiten Weg kroch. Unendlich langsam glitt sie dahin. Eine einzige gleichmäßige Bewegung, ohne jegliche Hast, wie ein sanftes und stetiges Fließen. Eine große Anmut und Ruhe strahlte das kleine Tier aus, als es mit seinen zarten, ausgestreckten Fühlern unbeirrt des Weges kroch.

Je länger ich die kleine Schnecke beobachtete, desto mehr zog sie mich in ihren Bann. Sie war so unendlich langsam, so ruhig und furchtlos. Zeit schien für sie keine Rolle zu spielen.

Allmählich tauchte ich selbst immer stärker in das gleichmäßige Fließen der Schnecke ein. Nichts schien mich mehr anzutreiben. Kein Ziel schien mehr wichtig. Es gab nur noch Fließen, vertrauensvoll, behutsam und sehr gegenwärtig.

Wo komme ich her? Wo gehe ich hin? Bedeutungslos solche Fragen beim Eintauchen in dieses zeitlose Fließen. Wenn wir die Ewigkeit schmecken, was für einen Sinn hat es dann, nach gestern oder nach morgen zu fragen? Anfang und Ende gibt es nur in der Zeit, nicht in der Ewigkeit. Geburt und Tod existieren nur, solange es Form gibt, nicht im formlosen Fließen.

Das Phänomen der Langsamkeit

Zeit ist ein kostbares Gut in unserer modernen Gesellschaft. Die Menschen haben immer weniger Zeit. Das Leben scheint immer schneller zu werden. Wir können uns immer schneller fortbewegen und kommunizieren. Wir werden mithilfe von Maschinen und Computern immer effektiver. Doch obwohl wir dadurch eigentlich mehr Zeit gewinnen müssten, hat es den gegenteiligen Effekt: Wir fühlen uns gejagt.

Ganz anders in Ländern, in denen es noch keine Industrialisierung gibt. Im Inneren von Lateinamerika warten die Menschen tagelang geduldig auf den Zug. Es gibt keinen Fahrplan. Es gibt kein Handy. Nichts scheint zu drängen. Zeit hat hier eine ganz andere Qualität als in der westlichen Welt.

Irgendwie scheint es mehr Zeit zu geben, wenn wir langsamer werden. Ein seltsames Phänomen, das wir meist nicht beherzigen. Wenn wir das Gefühl haben, zu wenig Zeit zu haben, beeilen wir uns. Das führt möglicherweise zu mehr Effektivität in unserem Handeln, aber nicht dazu, Zeit zu gewinnen.

Hast du viel Zeit, meditiere eine Stunde am Tag.
Hast du wenig Zeit, meditiere zwei Stunden am Tag.

Z<small>EN</small>

Besonders deutlich fühle ich das immer, wenn ich aus der Schnelligkeit des Alltags in die Langsamkeit und Abgeschiedenheit eines Meditationskurses komme. Plötzlich gibt es Zeit in Hülle und Fülle. Und während ich dann in der Gehmeditation Schritt für Schritt langsamer und achtsamer werde, scheint mir alle Zeit der Welt zur Verfügung zu stehen.

Vom Wesen der Zeit

Offensichtlich ist Zeit keine feststehende Größe. Natürlich gehen die Uhren der Welt gleich, aber das ist nur die äußere Dimension der Zeit, auf die sich Menschen aus praktischen Gründen geeinigt haben. Diese Zeit ist eine Übereinkunft und damit eine gedankliche Dimension, die nur so lange existiert, wie Menschen daran glauben. Die innere Dimension von Zeit dagegen betrifft ihre Qualität. Sie ist eine Erfahrung und daher höchst subjektiv und veränderbar.

Verschiedene innere Faktoren können unser Erleben von Zeit maßgeblich verändern. Wenn wir Ziele haben, die wir in möglichst kurzer Zeit erreichen wollen, werden wir das Leben als schnell und hektisch empfinden. Im Urlaub dagegen entsteht Raum und Muße, falls wir uns nichts vornehmen. Wenn wir uns in funktionalem Handeln verlieren, ist der Tag vorüber, ohne dass überhaupt ein bewusstes Gefühl für Zeit entsteht. Doch Momente von großer Präsenz, zum Beispiel beim ersten Kuss, verdichten unser Zeitempfinden und bewirken ein Gefühl von Tiefe. Haben wir Schmerzen oder unangenehme Gefühle, scheint der Tag kein Ende zu nehmen. Tun wir Dinge, die wir lieben, vergeht der Tag wie im Flug.

Bei all diesen verschiedenen Zeitqualitäten müssen wir uns fragen, was Zeit eigentlich ist? Ist sie eine reale Dimension oder kreieren wir sie in unserem Geist?

Normalerweise haben wir die Überzeugung, unser Leben finde innerhalb der Zeit statt. Wir scheinen in der Zeit zu existieren. Irgendwann in der Vergangenheit wurden wir geboren, und irgendwann in der Zukunft werden wir sterben. Zeit scheint es vor uns und nach uns zu geben. Wir betrachten sie als eine von uns unabhängige Dimension. Jeder Augenblick unseres Lebens scheint in der Zeit stattzufinden. Jede Handlung, jeder Gedanke und jedes Gefühl braucht Zeit. Das ist unser Alltagsempfinden.

Doch wenn wir das Wesen der Zeit genauer betrachten, entdecken wir, dass das Zeitempfinden eine bestimmte geistige Erfahrungsdimension ist, wie unsere Gedanken, Gefühle oder

Wahrnehmungen auch. Wir erschaffen also Zeit als eine Erfahrungsdimension des Lebens.

Betrachten wir, wie das Zeitempfinden entsteht, können wir bemerken, dass es aufs Engste mit den Objekten in unserem Geist gekoppelt ist. Jedes Objekt, ob Gedanke, Gefühl oder Geräusch, hat eine Form und somit einen Anfang, eine bestimmte Dauer und ein Ende.

Doch genau genommen können wir nicht die Dauer eines Objektes wahrnehmen, sondern nur den gegenwärtigen Augenblick. Wir können nur das unmittelbare Empfinden der rechten Hand spüren, nicht das Empfinden vor fünf Sekunden. Also setzt unser Geist die verschiedenen Momentaufnahmen, die einzelnen Wahrnehmungsfragmente, mithilfe der Erinnerung zu einem kontinuierlichen Fluss zusammen. Das Zeitgefühl ist geboren.

Unser Geist vergleicht nun durch Erinnerungen die verschiedenen Intervalle von Erfahrungen und erzeugt so das Gefühl von Zeitspannen. Da jedoch unsere Erinnerung stark beeinflusst ist von der Präsenz, die in der jeweiligen Erfahrung herrscht, bringt unser Geist die unterschiedlichsten Zeitqualitäten hervor.

Mit anderen Worten, die Kontinuität und auch die Qualität der Zeit wird, genauso wie die Vorstellung einer zusammenhängenden Welt, in unserem Geist durch Erinnerungen, also Gedanken, erschaffen. Sie ist keine von uns unabhängige Dimension. Nicht wir sind in der Zeit, Zeit ist in uns.

Zeitlose Gegenwart

Unser Geist benötigt Erfahrungsobjekte und Gedanken als Rohmaterial, um das Empfinden von Zeit erschaffen zu können. Solange wir Gedanken und Erinnerungen haben, bewegen wir uns in der Zeit, und jedes Erfahrungsobjekt bringt ein Empfinden von

Dauer mit sich. Doch wenn wir aus dem Denken aussteigen ins Nicht-Wissen, und wenn wir aus Erfahrungen aussteigen in die Stille des Nicht-Erfahrens, endet alle Zeit. Alle Bausteine, die für unser Zeitempfinden notwendig sind, werden von Stille verschluckt.

Es bleibt Leere, formloses Sein. Doch Leere kann unser Verstand nicht vergleichen. Nur Objekte erzeugen Intervalle und ermöglichen einen Vergleich. Nur Objekte haben Anfang und Ende. Doch wo ist der Anfang vom Nichts? Wie lange dauert das Nichts?

Leere ist zeitlos und bewirkt daher ein Empfinden von Ewigkeit. Wir betrachten Ewigkeit gewöhnlich als lineare und unvorstellbar lange Dauer. Sie erscheint uns als eine Dimension innerhalb der Zeit. Diese Sichtweise entspringt unserem üblichen Zeitempfinden. Doch Ewigkeit ist weder linear noch innerhalb von Zeit. Sie ist eine Dimension jenseits der Zeit und kann erst erfahren werden, wenn unser Zeitempfinden endet.

Zeit ist das, was das Licht von uns fernhält.
Es gibt kein größeres Hindernis auf dem Weg
zu Gott als Zeit.

    Meister Eckhart

Stell dir vor, du könntest alles Begrenzende des Stofflichen zurücklassen und durch das grenzenlose Weltall schweben. Nur unendliche Schwärze und unendliche Weite umgeben dich. Du schwebst im Nichts. Gibt es in diesem Nichts noch ein Vorne und ein Hinten? Ein Oben und ein Unten? Ein Vorher und ein Nachher? Ohne die Möglichkeit der Orientierung machen all diese Kategorien keinen Sinn mehr.

Hier herrscht nur noch zeitlose Gegenwart. An diesem Ort verschmelzen die Begriffe Zeitlosigkeit, Gegenwart und Ewigkeit zu einer einzigen Dimension. Es ist die Dimension von Stille und völligem Ungebundensein.

Hier erfahren wir eine Gegenwart, die nicht der winzige Punkt zwischen Vergangenheit und Zukunft ist, wie wir in der Regel denken. Denn jeder Punkt, so klein er auch ist, ist vergleichbar mit anderen und damit wieder in der Zeit. Daher ist die wahre Bedeutung von Gegenwärtigsein nicht, möglichst punktgenau mit der Aufmerksamkeit an Objekten zu haften, sondern einzutauchen in eine Dimension jenseits von Objekten und Gedanken. Gegenwärtigsein meint, aus der Zeit herauszutreten.

Meiner Meinung nach gibt es so etwas wie das Jetzt nicht. Jetzt impliziert ein Dann. Damit bist du in der Zeit. Jetzt ist dieser Moment, dort ist kein Moment. Da ist nur Das. Es ist zeitlos.

TONY PARSONS

Immer währende Schöpfung

Wenn wir aus der Zeit heraustreten und in die formlose Stille eintauchen, endet alle Zeit und alle Linearität. Auch Vergangenheit und Zukunft verlöschen. Doch kaum kehren wir in unser Alltagsbewusstsein zurück, schon scheinen Vergangenheit und Zukunft wieder relevante Kategorien unseres Lebens zu sein. Das Leben erscheint uns wieder als sich linear entfaltend.

Auf der Ebene der Erfahrungsobjekte ergibt sich ein Moment aus dem nächsten. Jede Erfahrung hat ihre Ursachen in der Vergangenheit und bewirkt Neues in der Zukunft. Eine ununterbrochene Kette aus Ursachen und Wirkungen, die in östlichen Religionen Karma genannt wird. Auf der Ebene der

Objekte in unserem Geist herrscht Bedingtheit, Linearität und Zeit.

Doch erkennen wir die Dimension jenseits der Objekte, treten wir aus der Bedingtheit der Dinge heraus. Wir verlassen das Rad der Wiedergeburt, wie es im Buddhismus anschaulich genannt wird, und zwar durch die Erkenntnis, dass es niemanden gibt, der wiedergeboren werden könnte. Natürlich gibt es weiterhin Objekte, die in wechselseitiger Bedingtheit entstehen und vergehen, aber unsere wahre Natur ist nicht davon berührt.

In diesem Sinne geht es nicht darum, besseres Karma anzusammeln, um eine bessere Wiedergeburt zu bewirken, sondern zu erkennen, wer wir jenseits von Geburt und Wiedergeburt sind. Wir müssen uns angesichts der Ichlosigkeit fragen: „Wer ist es, der wiedergeboren wird?", und wir werden einmal mehr ins Leere greifen.

Vom „Ort" der Leerheit aus betrachtet, ist die Wiedergeburt genauso ein Produkt unseres Geistes, also eine Vorstellung, wie die Idee linearer Zeit. Beides wurzelt in der Vorstellung eines kontinuierlichen Ichs, und beides löst sich im Erkennen der Ichlosigkeit wie eine Fata Morgana auf.

Was bleibt ist Zeitlosigkeit und die Erkenntnis, dass der Geist das Universum mit allen Phänomenen fortwährend neu erschafft. An diesem Punkt wird uns bewusst, dass Schöpfung nichts ist, was irgendwann einmal in der Vergangenheit geschah, sondern dass Schöpfung sich immerfort ereignet.

Unsere übliche Sichtweise, das Leben habe in der Vergangenheit begonnen und entwickle sich über die Gegenwart hinaus in die Zukunft, gerät ins Wanken. Plötzlich sehen wir, dass der Strom des Lebens nicht aus der Vergangenheit kommt, sondern dass er in der zeitlosen Gegenwart in uns eintritt. Gott ist kein Gott, der immer war. Er ist ein ewig Kommender.

Alte Knochen

Im Alltagsbewusstsein ist unsere Bindung an Zeit sehr stark. Unsere Gedanken drehen sich permanent um zweierlei: Vergangenheit und Zukunft. Doch bei genauerer Betrachtung unserer zukünftigen Gedanken entpuppen diese sich als eine Projektion vergangener Erfahrungen. Wir projizieren unsere Freuden, unsere Ängste und unsere Schmerzen in die Zukunft und erwarten Ähnliches oder hoffen, das Leben möge sich unseren Vorstellungen entsprechend angenehmer gestalten. Doch woher kommen diese Vorstellungen und Vorlieben? Aus vergangenen Erfahrungen. Alles, was wir denken können, ist ein Produkt der Vergangenheit. Im Grunde sind wir also nur mit der Vergangenheit beschäftigt, selbst wenn wir an die Zukunft denken.

Der Geist ist ein Leichenfledderer. Er gräbt alte
Knochen aus der Vergangenheit aus und kaut auf
ihnen herum.
      POONJA

Unsere Vergangenheit bestimmt nicht nur, was wir jetzt denken, sie wird auch zu einem wesentlichen Teil unserer Identität und zwar in Form unserer persönlichen Geschichte. Wenn wir zurückblicken auf unser Leben, ergibt sich das Gefühl einer Kontinuität. In unserer Erinnerung scheint es uns ohne Unterbrechung zu geben. Dies zeigt sich in Form einer Lebensgeschichte, die wir immer wieder in Gedanken wiederholen.

Diese Geschichte wird zu einem tragenden Pfeiler für unseren Glauben an ein unabhängiges, getrenntes Ich. Wenn wir daher die Dimension von Zeitlosigkeit und Ichlosigkeit entdecken wollen, ist es notwendig, unsere Identifikation mit unserer persönlichen Geschichte aufzulösen.

> *Jeder von uns hat eine Lebensgeschichte, eine Art innere Erzählung, deren Gehalt und Kontinuität unser Leben ist. Man könnte sagen, dass jeder von uns eine „Geschichte" konstruiert und lebt. Diese Geschichte sind wir selbst, sie ist unsere Identität.*
>
> OLIVER SACKS (60)

Oliver Sacks spricht hier vom Konstruieren unserer Geschichte. Eine bemerkenswerte Behauptung. Kann es sein, dass unser Geist unsere Geschichte, genauso wie die Kontinuität von Zeit und Welt, zusammensetzt?

Was Erinnerungen sind

Diese Anschauung widerspricht unserer gewöhnlichen Überzeugung, dass uns unsere Geschichte tatsächlich widerfahren ist, sehr. Doch wenn wir unsere Lebensgeschichte genauer betrachten, stellen wir fest, dass sie eine Ansammlung von Erinnerungen an frühere Erfahrungen ist, also aus Gedanken besteht. Diese Gedanken erzeugen das Gefühl eines kontinuierlichen Daseins und stärken so die Kontinuität des Ich-Gefühls.

Doch unsere Erinnerung ist keine zusammenhängende Geschichte, sondern besteht aus vielen kleinen Erinnerungsfragmenten. Und diese Erinnerungsfragmente, sind sie wenigstens etwas tatsächlich Erlebtes, etwas Solides, worauf wir uns verlassen können?

So wirklich und solide uns auch Erinnerungen erscheinen, so sehr können sie sich doch verändern. Es gibt viele Beispiele dafür, wie sich Erinnerungen zum Teil drastisch verändern können, abhängig von der augenblicklichen Interpretation des Geschehenen.

Wenn ich in meinem Leben plötzlich Frieden mit meinen Eltern schließe, scheinen sich auch meine Erinnerungen zu verändern. Plötzlich sehe ich vergangene Erlebnisse in einem ganz anderen Licht, und sogar die Ereignisse selbst scheinen manchmal anders stattgefunden zu haben.

Es ist nie zu spät für eine glückliche Kindheit.
MILTON ERICKSON

Eine Erinnerung ist also keineswegs im eigentlichen Sinne etwas Altes. Jede Erinnerung ist ein Gedanke, der jetzt, in diesem Augenblick, entsteht und damit mehr über die jetzige Perspektive aussagt, als über das vermeintliche Damals.

Ein eindrückliches Beispiel dafür, wie sehr unsere Erinnerungen durch das Jetzt geformt werden und wie wenig sie genaues Abbild von Vergangenem sind, begegnete mir vor ein paar Jahren in einem Fernsehbericht. Die Eltern zweier Kinder wurden zu einer Gefängnisstrafe verurteilt, weil sie angeblich ihre eigenen Kinder sexuell missbraucht hatten. Die Kinder hatten nach einer Reihe von Verhören „gegen" die Eltern ausgesagt. Als nach einiger Zeit der Prozess noch einmal aufgerollt wurde, konnte mit Hilfe von Videoaufnahmen der Verhöre mit den Kindern zweifelsfrei nachgewiesen werden, dass die Kinder Stück für Stück in den Verhören ihre ursprüngliche Sicht über die Eltern verändert hatten, bis sie über Erinnerungen von Missbrauch sprachen. Nicht dass die Kinder gelogen hätten. Ihre Erinnerung begann sich durch die subtil manipulierenden Verhöre zu verändern.

Erinnerungen sind also Gedanken, die im Jetzt konstruiert werden und die momentane Perspektive auf unser früheres Erleben der Welt wiedergeben. Aber natürlich wurde auch das frühere Erleben von unserem Geist erschaffen und war abhängig von unserer damaligen Perspektive. Es gibt weder eine von uns unabhängige wahre Erinnerung noch etwas Unabhängiges oder Objektives, das wir erlebt hätten. Beides entsteht in der Abhängigkeit momentaner innerer und äußerer Faktoren in unserem Geist.

Der persönliche Duft

Nichtsdestoweniger nehmen wir Erinnerungen sehr ernst. Sie erscheinen uns alles andere als flüchtig, eher höchst konkret und wahr. So identifizieren wir uns mit ihnen und sie werden zu einem Teil unserer Identität. Dabei ist unsere persönliche Geschichte weit mehr als nur Gedanken. Jede Erinnerung unseres Lebens wird von einem Grundgefühl begleitet und in ihrer Summe verleihen uns diese Grundgefühle eine Art persönlichen Duft. Dieser Duft zieht sich durch unser gesamtes Erleben der Welt.

Erinnern wir uns an eine wesentliche Situation unseres Lebens, schon steigt in uns der Duft auf, der diese Situation begleitet hat. Haben wir zum Beispiel tief greifende Erfahrungen von Angst gemacht und sind diese zu einem Teil unserer Geschichte geworden, wird unterschwellig unser gesamtes Erleben von Angst gefärbt sein. Haben wir uns dagegen schon früh in wichtigen Situationen durchgesetzt und sind vielleicht sogar stolz darauf, wird uns der persönliche Duft von Selbstüberzeugtheit und Stärke umgeben.

Grundgefühle sind uns ungeheuer vertraut. Sie bilden das Gefühl von uns selbst, das uns vermeintlich schon immer begleitet, genauso vertraut wie unser Körper.

Würden wir das Ich greifen wollen, würden wir wahrscheinlich unseren Körper anfassen. Er gibt dem Ich das Gefühl von Festigkeit. Wenn wir aber danach fragen, wie sich das Ich anfühlt, würden unsere Grundgefühle auftauchen. Die Grundgefühle unserer Lebensgeschichte unterstreichen die Kontinuität unseres Ich-Gefühls mit einer persönlichen Note.

Und doch ist der persönliche Duft keineswegs schon immer da gewesen. Wir haben ihn erst im Laufe unseres Lebens erworben und erschaffen ihn unbewusst mit unserer Lebensgeschichte immer wieder aufs Neue. Es ist wie ein ständiges Aufsagen derselben Gedanken und Gefühle.

Natürlich können wir diese Gedanken und Gefühle ebenso beobachten wie alle anderen inneren Phänomene auch, und wir bemerken dabei, dass das, was beobachtet, nicht die Geschichte ist. Daher ist es möglich, aus der Geschichte auszusteigen und sich jenseits davon zu erfahren, genauso wie es möglich ist, aus der Zeit auszusteigen.

Je häufiger und klarer wir sehen, wie sehr persönliche Geschichte und Ich-Gefühl miteinander verbunden sind, desto mehr schwächen wir auch das Ich. Wir entziehen ihm eine weitere wichtige Grundlage, das Gefühl eines persönlichen Daseins.

Und so kommt es, dass es absolut leicht und frei um uns wird, wenn wir uns von unserer Geschichte verabschieden. Ein Gefühl von Durchlässigkeit entsteht, wie nach einem ausgedehnten Bad. Wir nehmen unseren Duft nicht mehr wahr. Das kann sich im ersten Moment etwas seltsam anfühlen, fast wie ein Mangel. Aber haben wir uns daran gewöhnt, entsteht ein neues Lebensgefühl – ein „Nicht-Gefühl" von Transparenz und Unbeschwertheit.

Ich habe keine Lebensgeschichte. Ich haben nur Tee getrunken und Tsampa gegessen.
    Gendün Rinpoche

> **Übung: Aus der persönlichen Geschichte heraustreten**
>
> 1. Erinnere dich an eine wichtige Episode aus deinem Leben.
> 2. Erforsche, was für ein Gefühl sich in dir durch das Erzählen ausbreitet. Welches Grundgefühl beinhaltet diese Geschichte?
> 3. Welche Grundüberzeugung liegt darin? „Ich bin ..." oder „Das Leben ist ..."
> 4. Wie prägt diese Identifizierung dein Leben und wie stärkt sie dein Ich-Gefühl?
> 5. Was wärst du ohne diese Identifizierung?
>
> Die 5 Fragen werden mit verschiedenen Episoden wiederholt. Am Schluss kannst du dich fragen:
>
> - Was wärst du ohne persönliche Geschichte?

Todlosigkeit

Auszusteigen aus der Geschichte und aus der Zeit, führt uns über kurz oder lang auch zu der Frage: Was ist dann mit unserer Vergänglichkeit als Mensch? Wenn wir jenseits unserer Geschichte existieren und jenseits der Zeit, was für eine Bedeutung haben dann noch Begriffe wie Geburt und Tod?

Zeig mir dein ursprüngliches Angesicht,
bevor deine Eltern geboren wurden.

ZEN-KOAN

Wir wissen, dass wir als Menschen geboren wurden und wieder sterben werden. Beide Vorgänge geschehen innerhalb der Zeit. Doch was wurde geboren und was wird sterben? Was unterliegt der Vergänglichkeit?

Nur Form ist vergänglich. Alles Objekthafte ist dem stetigen Wandel unterworfen. Das ist ein Naturgesetz. Aber jenseits der Form gibt es keinen Wandel und keine Vergänglichkeit. Kann das Nichts sich verändern oder vergehen? Nur auf der relativen Ebene der Form gibt es Anfang und Ende, Geburt und Tod. In der Formlosigkeit des absoluten Bewusstseins gibt es keinen Wandel, kein Werden und kein Vergehen.

Solange wir also identifiziert sind mit den Objekten in unserem Geist, sind wir ganz direkt von Vergänglichkeit bedroht. Erkennen wir uns jedoch als die Stille des formlosen Bewusstseins, bleibt unsere Existenz unberührt von jeglichem Wandel. Auf der Ebene der Leerheit brauchen wir keine Angst mehr zu haben vor dem Tod. Nicht weil wir nicht sterben werden, sondern weil wir ungeboren sind. Nur unser Körper ist vergänglich, nicht das grenzenlose Bewusstsein.

Beim Tod stirbt nur der Körper, nicht das Leben, nicht das Bewusstsein, nicht die Realität.

SRI NISARGADATTA MAHARAJ

Je tiefer wir realisieren, ungeboren zu sein, desto mehr erfahren wir unbedingtes Vertrauen und eine unerschütterliche innere Sicherheit. Nichts kann uns geschehen. Keine Krankheit, kein Verlust und kein Tod kann das berühren oder verletzen, was wir sind – formloses Bewusstsein.

Der Tod nimmt alles weg, was du nicht bist.
Das Geheimnis des Lebens ist „zu sterben, bevor du
stirbst" – und herauszufinden, dass es keinen Tod gibt.

ECKHART TOLLE

Die Identifikation mit dem Körper

Um die Erkenntnis von Todlosigkeit zu verwirklichen, müssen wir die letzte Bastion unseres Ich-Glaubens auflösen: die Identifizierung mit dem Körper. Das ist nicht einfach. Normalerweise sind wir zutiefst davon überzeugt, unser Körper und somit vergänglich zu sein. Die Identifizierung mit dem Körper ist die grundlegendste, die in uns wirkt. Es ist das Basiskonzept, das unserem Ich zugrunde liegt und das weitreichende Auswirkungen auf unser Leben hat. Allein dieses eine Konzept, „ich bin Körper", fächert sich in ein Bündel von Grundkonzepten auf, die unser gesamtes Verhalten und unsere Gefühle prägen.

Wenn ich glaube, dass ich Körper bin, dann fühle ich mich getrennt von allem anderen, denn der Körper ist getrennt. Es gibt dann ein kleines, abgetrenntes, scheinbar selbstständiges Körper-Ich und eine riesige Außenwelt. Diese Getrenntheit erzeugt das Gefühl von Einsamkeit und Verlassenheit. Die Suche nach Verbundenheit und Einheit beginnt. Aber solange wir glauben, der Körper zu sein, werden wir niemals wahre Verbundenheit erfahren können.

Der Glaube, Körper zu sein, erzeugt auch das Gefühl, verletzlich und begrenzt zu sein, denn der Körper ist verletzlich und vergänglich. Alles, was dem Körper zustößt, scheint auch mir zuzustoßen. Das liefert die Grundlage für die Gefühle von Bedrohung und Angst. Wir glauben, uns sorgen und verteidigen zu müssen.

Umgekehrt bedeutet dies: Erst wenn wir erkennen, nicht der Körper, sondern grenzenloses Bewusstsein zu sein, entsteht wahres Vertrauen und innere Sicherheit. Wir erkennen, dass uns auch der Tod nicht berühren kann.

Mit dem Konzept „der Körper zu sein" geht auch das Grundkonzept der Bedürftigkeit einher, denn der Körper ist bedürftig und braucht etwas von außen oder von anderen. Also denken wir, dass uns etwas von außen oder von anderen fehlt. Es ist die Identifizierung mit dem Gefühl von Mangel. Wenn wir die Identifizierung mit dem Körper lösen, erkennen wir, dass wahre Fülle immer da ist.

Auf diese Weise zieht das Basiskonzept „ich bin Körper" ein Bündel an anderen lebensbestimmenden Überzeugungen nach sich. Doch nicht nur das. Es ist auch die Grundlage für den Glauben, ein unabhängiges Ich zu sein. Der Körper gibt unserem Ich-Glauben etwas Substanzielles. Mit unserem Körper bekommt das Ich eine greifbare und solide Form.

Bewusstsein und Körper

Schon früh in unserem Leben beginnt die Identifikation mit unserem Körper zu greifen. Schon alleine deswegen, weil der Körper der Sitz aller Wahrnehmungsorgane ist, also aller Organe, durch die das Leben erfahren wird. Wenn wir uns durch das Leben bewegen, tun wir es immer durch die Perspektive der Sinne. Der Körper steht im Mittelpunkt der Welt, durch ihn erfahren wir sie.

Wir erfahren die Welt zwar durch die Sinne unseres Körpers, das bedeutet jedoch nicht automatisch, dass das, was erfährt – das Bewusstsein – eine Funktion unseres Körpers ist. Normalerweise gehen wir wie selbstverständlich davon aus, dass das Bewusstsein im Körper sitzt. Schon in der Schule lernen wir, dass das Bewusstsein eine Funktion des Gehirns ist. Wenn wir jedoch unsere Erfahrung unmittelbar und unvoreingenommen untersuchen, werden wir feststellen, dass es umgekehrt ist: Nicht das Bewusstsein erscheint im Körper, sondern alle Erfahrungsobjekte, also auch der Körper, erscheinen im Bewusstsein. Wir können den Körper beobachten.

Die allgemeine Überzeugung, Bewusstsein sei eine Funktion des Gehirns, unterscheidet nicht zwischen den Sinnesorganen, mit deren Hilfe wir Erfahrungen machen, und dem Bewusstsein, das jenseits aller Erfahrungen existiert.

Den Zusammenhang zwischen Bewusstsein und Körper kann man sich so vorstellen: An einen Monitor wird eine Kamera angeschlossen, so dass der Monitor die Bilder der Kamera wiedergeben kann. Das Bewusstsein ist wie der Monitor, ein universaler, unpersönlicher Empfänger, und der Körper mit seinen Sinnen und seiner Fähigkeit des Denkens ist die Kamera. Durch diese Kamera können wir verschiedene Perspektiven einnehmen und Erfahrungsbilder hervorbringen. Ohne die Kamera kann der Monitor keine Bilder empfangen und widerspiegeln. Aber die grundsätzliche Funktion des Monitors ist nicht abhängig von der Kamera. Monitor und Kamera sind verschieden voneinander. Genauso ist es mit Bewusstsein und Körper. Das Bewusstsein benötigt einen Körper und seine Funktionen, um die Welt erschaffen und wahrnehmen zu können, aber es ist nicht der Körper. Bewusstsein ist jenseits des Körpers.

In der Stille des Nicht-Erfahrens treten wir zurück von jeder sinnlichen Erfahrung unseres Körpers und tauchen ein in ein reines Aufmerksamsein. Ein Bewusstsein ohne Sinnesobjekte und ohne Körper – das Lauschen. Es ist vergleichbar mit dem Abschalten der Kamera. Der Monitor als universaler, unpersönlicher Empfänger funktioniert weiterhin, aber seine Oberfläche bleibt leer.

Diese Metapher hinkt natürlich wie alle Vergleiche, da das universale Bewusstsein kein Objekt ist, wie ein Monitor. Trotzdem macht der Vergleich deutlich, dass das Bewusstsein kein Teil des Körpers ist, so wie unser Verstand immer denkt. Bewusstsein wirkt nicht in, sondern durch unser Gehirn und es hat nichts Individuelles an sich. Bewusstsein ist die Grundlage des Körpers und bedient sich dessen Funktionsweisen, aber es existiert völlig losgelöst davon. Bewusstsein ist universal, unpersönlich und grenzenlos und darin erscheint und vergeht der Körper und die Welt. Auch der Gedanke „es ist *mein* Bewusstsein" erscheint und vergeht darin.

Gibt es die Erfahrung der rechten Hand ohne Bewusstsein? Gibt es Körperempfindungen ohne Bewusstsein? Entsteht dein Körperbild ohne Bewusstsein?

Wenn ich von formlosem Bewusstsein spreche, ist dieser Begriff übrigens nur ein Fingerzeig. Der Ausdruck „Bewusstsein" hat den großen Nachteil, dass wir automatisch mit diesem Begriff etwas assoziieren, was in uns zu sein scheint, etwas Individuelles. Doch das ist nicht gemeint damit. Wir könnten formloses Bewusstsein natürlich genauso gut „Gott" nennen, aber das wiederum hat den Nachteil, dass mit dem Wort „Gott" die Assoziation von etwas Äußerem verknüpft ist, als gebe es neben uns kleiner Person eine großartige Gestalt.

Es ist schwer, Begriffe zu finden, die nicht sofort mit innen oder außen assoziiert werden. Am ehesten scheinen mir noch Begriffe wie „absolutes Bewusstsein" oder „das Absolute" geeignet, um eine Ahnung dieser umfassenden Dimension zu vermitteln.

Die Mutigen reißen das Reich Gottes nicht nur an sich,
sondern sie begreifen, dass sie bereits in ihm wohnen und
dass sie das Reich Gottes inwendig in sich tragen und
dass es sich zwischen ihnen und anderen Menschen und
der restlichen Schöpfung ereignet. Gott ist nicht da
draußen, sondern immer so nah, wie wir es wagen,
uns selbst nah zu sein.

ULRICH SCHAFFER (64)

Wie wir den Körper erschaffen

Um die Dimension der Todlosigkeit zu verwirklichen, ist es notwendig, unsere Identifikation mit dem Körper zu lösen. Das bedeutet, uns jenseits des Körpers zu erfahren. Gleichzeitig entziehen wir so unserem Ich-Glauben seine Grundlage und das Gefühl der Solidität.

Genau dieses Gefühl der Solidität ist es, das wir unvoreingenommen untersuchen müssen, um die Überzeugung, „Körper zu sein", zu erschüttern. In unserem Alltagsempfinden erscheint uns der Körper nämlich als ein höchst dauerhaftes, solides und zusammenhängendes Gebilde. Den Körper erfahren wir als genauso real und gleichbleibend wie unsere Lebensgeschichte. Doch bei näherer Betrachtung lässt sich die Vorstellung der Dauerhaftigkeit nicht aufrechterhalten.

Dazu erforschen wir in Achtsamkeit, wie die Vorstellung der Dauerhaftigkeit und Solidität unseres Körpers im Geist entsteht. Wir betrachten ganz unmittelbar – von Moment zu Moment –, wie unser Geist den Körper als solides Etwas zusammensetzt.

Wenn du jetzt mit geschlossenen Augen deine rechte Hand fühlst, ganz unmittelbar, was spürst du? Wahrscheinlich irgendein diffuses, undefinierbares Wattegefühl. Und trotzdem besteht in deinem Geist keinerlei Zweifel daran, dass da eine solide Hand ist. Woher nimmt dein Geist diese Gewissheit?

Wenn du versuchst, mit geschlossenen Augen deinen ganzen Körper zu fühlen, was spürst du? Ziemlich sicher nicht deinen ganzen Körper, sondern nur verschiedene Bereiche, die bei genauerer Betrachtung oft nicht zusammenhängen und auch nicht wirklich die äußerlich sichtbare Form deines Körpers wiedergeben. Wieso glaubst du also an einen zusammenhängenden Körper?

Wenn wir unvoreingenommen und unmittelbar körperlich spüren, gibt es genauso wenig einen vollständigen Körper, wie es eine vollständige Welt gibt. Es gibt nur Wahrnehmungsfragmente, die wir zu einem ganzen Körper oder einer ganzen Welt ergänzen.

In Achtsamkeit spüren wir vielleicht irgendwo ein Wattegefühl, ein Ziehen, einen Druck. Alles verändert sich ständig und wird mit Bildern und Etiketten von Körperteilen kombiniert. Erst das bildhafte Denken ergänzt die unzusammenhängenden Wahrnehmungsfragmente zu der Vorstellung eines Körpers. Im Grunde setzen wir unseren Körper also aus Erinnerungen zusammen. Sind wir jedoch ganz in der Gegenwart, gibt es nur flüchtige Fragmente von Wahrnehmungen – keinen Körper.

Übung: Den Körper fragmentieren

1. Was spürst du gerade im Körper?
2. Stell dir vor, es gäbe nur die Empfindung, aber keinen Körper dazu. Gehe tief in diese Empfindung hinein.
3. Ist diese Empfindung solide? Hat sie eine dauerhafte, greifbare Form?
4. Lass dich ganz ins Ungreifbare fallen. Sei formlos.

Zuerst mehrmals den Fragenzyklus durchgehen, dann:

- Beobachte und erforsche: Wie erschaffst du aus den einzelnen formlosen Empfindungen einen ganzen Körper?

Je öfter wir unmittelbar erkennen, wie unser Geist das Körperbild immer wieder neu erschafft, desto mehr verblasst die Solidität dieses Bildes. Der Körper erscheint uns immer mehr als flüchtige Gedankenrealität, die auf der Leinwand unseres Gewahrseins immer schemenhafter in Erscheinung tritt. Es bleibt eine formlose und unbegrenzte Präsenz, die kein Anfang und kein Ende, kein Außen und kein Innen kennt.

Materie an sich gibt es nicht, es gibt nur den
belebenden, unsichtbaren, unsterblichen Geist als
Urgrund der Materie ... mit dem geheimnisvollen
Schöpfer, den ich mich nicht scheue Gott zu nennen.

MAX PLANCK

10 Alles sein

Kürzlich kam mir die Idee für ein Kunstwerk. Ein grobes Leinengewebe, in dem ein einzelner andersfarbiger Faden eingezogen ist. Ein andersfarbiger Faden mit dem Namen „Ich". Und darunter stünde: Wer bin ich?

So empfinden wir meist unsere Existenz: Wir fühlen uns als einzelner Faden, eingequetscht oder einsam zwischen allen anderen Fäden. Unsere Perspektive wird sehr klein dadurch, sehr beschränkt. Das Gewebe scheint uns nichts anzugehen. Wir sorgen uns nur um unsere persönliche kleine Welt und kämpfen, wenn nötig, sogar gegen andere Fäden an. Wie anders wäre doch unser Lebensgefühl und unser Handeln, wenn wir uns nicht als Faden, sondern als Gewebe erfahren würden?

Unsere Existenz wäre dann nicht mehr reduziert auf einen Faden, sondern würde das Leben in seiner Gesamtheit umfassen. Und jeder Faden darin, sei es ein Mensch, ein Tier oder eine Pflanze, würde als Ich erfahren werden. Was hätte diese große Perspektive für eine unglaubliche Auswirkung auf unser Zusammenleben? Es wäre das Ende von Egoismus, Gewalt und Ausbeutung, denn niemand schädigt sich gerne selbst. Unser Zusammenleben wäre geprägt von Fürsorge und Verständnis. Ohne ethisches Bemühen würde Liebe die Welt regieren.

Konflikte und ihre Ursache

Doch nur ein Blick auf den Zustand unserer Welt zeigt, dass wir weit davon entfernt sind, eine Gesellschaft der Liebe und Einheit zu sein. Hunger, Kriege, Konkurrenz, Macht- und Profitgier beherrschen das Bild. Und alle Aufrufe zu mehr Mitmenschlichkeit scheinen zu verhallen. Auch in unseren persönlichen Beziehungen herrschen oft Unverständnis und Konflikte vor. Sogar mit den Menschen, die uns am nächsten stehen und die wir lieben, verstricken wir uns oft in kleinkrämerischen Auseinandersetzungen.

Wir streiten um unsere Bedürfnisse und Interessen, verteidigen uns oder manipulieren die anderen. Und immer steht unsere Identifikation mit dem Ich im Mittelpunkt aller Konflikte, die Vorstellung einer persönlichen, unabhängigen Existenz. Erst wenn es „mich" gibt und „das da draußen", existieren Trennung und gegensätzliche Interessen. Dieses Ich mit seinen Interessen „muss" verteidigt werden und so kommt es zu Konflikten.

Durchschauen wir dagegen die Illusion eines unabhängigen Ichs und erkennen wir uns als die Gesamtheit aller Wesen, gibt es zwar weiterhin verschiedene Teile darin mit ihren unterschiedlichen und auch widersprüchlichen Interessen, aber wir werden nicht mehr einen Teil über den anderen oder ein Interesse über ein anderes stellen. Alles hat dann gleichermaßen eine Daseinsberechtigung. Die Folge ist eine lebendige Harmonie, die durch Unterschiedlichkeit bereichert wird und sich fortwährend entfaltet.

Um also Gewalt und Konflikt in unserem Leben zu beenden, ist die Erkenntnis der Ichlosigkeit unabdingbar. Erst wenn wir aus der Identifizierung mit dem Körper und unserer Geschichte heraustreten, erfahren wir uns als formlos und frei von jeglicher Beschränkung des Objekthaften. Wir tauchen ein in die Leerheit.

Dabei lassen wir nicht nur die Welt der Objekte hinter uns, sondern auch die Welt der Unterscheidung und der Dualität. In der Stille des reinen Seins gibt es kein Innen und kein Außen, kein Ich und keine Welt mehr. Keine Unterschiede, keine Konkurrenz. Es ist das Ende aller Konflikte. Hier herrscht absoluter Friede.

Eine neue Art des Leidens

Doch obwohl wir in der Stille die Welt der Objekte und Unterscheidung hinter uns gelassen haben und nun Frieden erfahren, ist dieser Friede vergänglich, da es uns immer wieder in die Alltagsrealität mit ihren Objekten und Konflikten zurückzieht. Wie lange es uns auch gelingen mag, unsere Aufmerksamkeit von den Objekten abzuziehen und in Stille zu verweilen, irgendwann beginnt sich der Fokus unserer Aufmerksamkeit wieder zu erweitern und Erfahrungen treten wieder in unser Bewusstsein.

Ein alter Yogi konnte viele Wochen in einem Zustand verweilen, in dem er weder Schmerz noch Hunger kannte. Seine Schüler bewunderten ihn sehr.

Eines Tages war er gerade von Schülern umringt, als ein Bettler des Weges kam. Er hatte offensichtlich Schmerzen und bat um eine Schale Reis. Sofort verbeugte sich der Yogi, gab ihm zu essen und salbte die Wunden des Mannes.

Da trat ein Schüler vor und fragte: „Wäre es nicht besser, dem Bettler eine Unterweisung in Meditation zu erteilen, damit er Hunger und Schmerz überwinden kann?"

*Der Yogi aber antwortete: „Niemand überwindet Hunger und Schmerz. Wenn ich nach vielen Wochen der Versenkung in den Körper zurückkehre, habe ich wieder Hunger. Daher gib zu essen, wenn jemand hungert."
Und schmunzelnd fügte er hinzu: „Du würdest seinen Hunger nur um viele Wochen verlängern."*

RICHARD STIEGLER

Wie in der Geschichte vom Yogi können wir uns in die Stille zurückziehen und Inseln des Friedens erfahren, aber dies ändert nichts daran, dass immer wieder die Welt der Objekte auftaucht. Selbst wenn wir vollständig Leerheit verwirklichen und die Identifikation mit dem Körper lösen, bleibt das Bewusstsein an den Körper gebunden. Wir leben in beiden Welten, ob uns das gefällt oder nicht. Das absolute Bewusstsein und das relative Bewusstsein der Objekte bedingen und durchdringen einander.

Möglicherweise fühlen wir an dieser Stelle unserer Entwicklung ein neues Leiden. Wir kennen inzwischen den Frieden der Stille und sehnen uns danach, vollständig in diesem Frieden zu leben. Immer öfter schmecken wir für Momente diesen Frieden und können ihn auch in alltäglicher Erfahrung berühren, doch die Gewohnheit des Geistes scheint uns wieder und wieder in die laute Welt der Erfahrungen hineinzuziehen. Da ist es nur ein schwacher Trost, wenn wir uns sagen, dass im Hintergrund jeglicher Erfahrung Stille immer präsent ist.

Wie jedem Leiden eine Identifikation zugrunde liegt, so auch diesem. Es ist die Identifikation mit Stille. Diese Identifikation ist gewissermaßen der letzte Strohhalm, den unser Ich ergreifen kann. Auch dieser Strohhalm ist nichts weiter als eine Illusion, die uns die absolute Freiheit verstellt. Sobald wir das klar sehen, löst sie sich wie alle vorhergehenden Identifizierungen auf und wir erkennen das Bewusstsein als umfassende Dimension.

Sich mit Stille zu identifizieren ist kein Fehler, sondern ein natürliches und wichtiges Durchgangsstadium. Wissen wir um dieses Stadium, können wir vermeiden, allzu lange darin zu verharren. Dieses Durchgangsstadium markiert gleichzeitig einen Wendepunkt in unserem Bewusstheitsweg. Bisher bestand der Weg darin, systematisch von allen Objekten im Geist zurückzutreten, um Stille immer mehr freizulegen. Jetzt kehren wir die Perspektive um und wenden uns wieder den Objekten zu: Wir untersuchen den Zusammenhang von Bewusstsein und Objekten.

Form ist Leere

Um die Identifizierung mit Stille verständlich zu machen, will ich zunächst beleuchten, wie diese letzte Identifizierung zustande kommt. Wenn wir von hier aus noch einmal auf den gesamten Erkenntnisweg blicken, zeigt er sich als ein systematisches Zurücktreten von allen Objekten. Dieses Zurücktreten bedeutet Verwirklichung von Leerheit oder die Realisierung des formlosen Bewusstseins. Wir erkennen: Das Bewusstsein selbst ist leer, ist unberührt von allen Objekten. Wenn wir vollständig in diese Leerheit eintauchen, verlöschen alle Ideen, alle Begriffe und alle Form.

Der Buddhismus formuliert diese Erkenntnis in dem Lehrsatz: „Form ist Leere." Er besagt, dass Leerheit die Grundlage aller Form ist und von allem Auf und Ab der Erscheinungen unberührt bleibt. Wir werden aufgefordert, Leerheit in allen Formen und Erscheinungen zu erkennen. Dies beschert uns eine große Losgelöstheit von allen Objekten und das erfahren wir subjektiv als Stille, Weite und Gelassenheit.

Wir lösen uns von aller Identifizierung mit Form. Und natürlich auch von der Identifizierung menschlicher Form. Wir erkennen, dass wir weder Körper noch Person sind, sondern Formlosigkeit und Grenzenlosigkeit, wiewohl es weiterhin einen Körper und seine menschliche Form gibt.

Eine Welle muss nicht sterben, um Wasser zu werden.
Auch Sie müssen nicht sterben, um die Welt des
Ungeborenen zu berühren.

THICH NHAT HANH

Thich Nhat Hanh benützt hier eine traditionelle Analogie, um den Aspekt der Formlosigkeit zu erläutern. Die Welle ist eine Form. Sie entsteht und vergeht wie alle Formen, die das Wasser hervorbringen kann. Das Wasser selbst aber ist formlos und unberührt davon, ob Wellen entstehen oder vergehen.

Solange wir uns, um in der Analogie zu bleiben, mit der Form einer Welle identifizieren, müssen wir Angst haben um unsere Existenz. Wir entwickeln Ängste und Sorgen und strengen uns an, unsere Existenz zu sichern. Natürlich ist das vergeblich. Wenn wir uns jedoch mit der Formlosigkeit des Wassers identifizieren, löst sich alle Angst auf, da wir vom Untergang der einzelnen Welle nicht mehr bedroht sind.

Solange wir also mit der Form unseres Körpers und der Vorstellung eines abgetrennten Ichs identifiziert sind, haben wir allen Grund uns zu fürchten, denn Körper und Ich werden sich auflösen. Wenn wir uns dagegen mit grenzenlosem Bewusstsein identifizieren, lösen sich Angst und alle Anstrengung auf. Es gibt kein Werden, kein Vergehen und keinerlei Bedrohung mehr.

Die Falle der Unterscheidung

Leerheit ist der erste grundlegende Aspekt des Seins. Sie wird im Buddhismus auch Wahrheitskörper genannt, da Leerheit die tiefste unveränderliche Wahrheit unseres Seins ist.

Leerheit verwirklichen wir, indem wir systematisch von aller Form zurücktreten. Doch dieses Zurücktreten bedeutet zugleich eine subtile Ausgrenzung. Unsere Aufmerksamkeit richtet sich immer mehr auf das Formlose, und Form verschwindet aus dem Blick. Alles Objekthafte wird zunehmend schemenhaft und unwirklich und wir trennen uns davon ab. Wir lassen die Welt für eine gewisse Zeit hinter uns.

Du musst bereit sein, dich von den weltlichen Dingen abzuwenden. Du musst vorbereitet sein, in dich selbst zu springen, tief in dich selbst einzutauchen und die Welt eine Weile zu ignorieren.

Robert Adams

Für das Erkennen von Leerheit ist ein Zurücktreten von aller Form notwendig. Da wir gewöhnlich so stark von den Dingen hypnotisiert sind, beginnen wir Leerheit erst zu erkennen, wenn wir uns von allen Dingen abwenden. Wir unterscheiden nun zwischen Leerheit und Form. Für unseren Verstand, der Vergleiche liebt, ist dies Futter. Endlich kann er wieder seiner Lieblingsbeschäftigung nachgehen: unterscheiden, trennen und beurteilen.

Jetzt scheint Leerheit das „Richtige", das „Erstrebenswerte" zu sein und die Welt der Objekte das „Falsche", was es loszuwerden gilt. Und da der Verstand zu begreifen beginnt, dass wir Form nicht sind, stürzt er sich auf das, was übrig bleibt, und klammert sich daran. Wir sagen uns jetzt: „Wir sind nicht jemand, sondern nichts."

Mit der Ausgrenzung von Form geht eine zunehmende Identifikation mit Leere einher. Gleichzeitig werden Form und alles Weltliche eher schwierig für uns. Unser Interesse für die Welt und den Alltag geht mehr und mehr verloren, und so grenzen wir sie immer mehr aus unserer Aufmerksamkeit aus. Das, was zunächst Befreiung gebracht hat, das Zurücktreten von Form, wird jetzt zu einer neuen Einschränkung: Wir wollen nur noch Stille. Dies kann in eine Sackgasse führen, wenn wir nicht den zweiten zentralen Aspekt von Sein verwirklichen – das All-Bewusstsein.

Leere ist Form

Formloses Bewusstsein existiert nicht nur jenseits von Form, sondern auch in allen Formen. Es ist die Grundsubstanz aller Form und somit eins mit allem. Daher wird diese Erkenntnis All-Bewusstsein oder auch All-Einssein genannt. Form ist niemals unabhängig von Sein möglich, so wie eine Welle nur durch das Wasser existiert. Für diesen Aspekt finden wir im Buddhismus die Umkehrung des obigen Lehrsatzes. Nun heißt es: „Leere ist Form."

Nehmen wir noch einmal die Analogie des Wassers zu Hilfe. „Form ist Leere" bedeutet, dass jede Welle aus der Grundsubstanz Wasser besteht. Wasser ist viel mehr als eine Welle. Es ist grenzenlos und formlos. Eine Welle dagegen ist begrenzt auf eine sich verändernde Form. Unsere Aufmerksamkeit wird auf das Erkennen der Leerheit gerichtet. Die Welle ist leer von eigenständiger Existenz.

„Leere ist Form" dagegen bedeutet, dass Wasser auch nicht weniger als eine Welle ist. Wasser kann, gerade weil es formlos ist, jede beliebige Form annehmen. Es kann als Welle, als Bach, als See, als Ozean, als Wolke in Erscheinung treten. Unsere Aufmerksamkeit wird mit dieser Formulierung darauf gelenkt, dass jegliche Erscheinung aus der Leerheit, aus dem Absoluten kommt und nicht getrennt davon existiert.

Ich habe über den Unterschied zwischen dem
Wasser und den Wellen nachgedacht.
Aufsteigend ist das Wasser immer noch Wasser,
fallend ist es ebenfalls Wasser. Kannst du mir einen
Hinweis geben, wie man das trennen könnte?
Weil jemand das Wort „Welle" erfunden hat, muss
ich es deshalb von Wasser unterscheiden?

In uns ist dieses geheimnisvolle Eine;
die Planeten aller Galaxien rollen durch seine Hände
wie Perlen. Das ist eine Perlenkette, die man mit
leuchtenden Augen betrachten sollte.

KABIR

Wasser und Welle sind eins. Das ist die zentrale Botschaft von Kabirs Gedicht. Formlosigkeit und Form sind eins, nicht voneinander getrennt und niemals trennbar. Sie bedingen und durchdringen einander. So wie man Spiegel und Spiegelbild nicht voneinander trennen kann, ebenso wenig kann man den Seinsgrund – das Absolute – von den vielfältigen Erscheinungen des Lebens trennen.

Das kleine und das große Ich

Wenn wir erkennen, dass die Grundsubstanz aller Form formloses Sein ist, hört die Vorstellung von Getrenntheit auf. Wir sehen dann: Es gibt nur Sein. Wir müssen von Erscheinungen und der Welt nicht mehr zurücktreten, sondern wir sehen alle Erscheinungen als Ausdruck des Einen, des Seins. Und wir sind das! Sein wird an diesem Punkt umfassend erlebt.

Ich kann mich erinnern, vor vielen Jahren den Vortrag eines indischen Erleuchteten gehört zu haben, der mit den beschwörenden Worten begann: „You are all." Er sprach also direkt über die Dimension des All-Bewusstseins. Und tatsächlich wird All-Bewusstsein subjektiv erlebt als: „Ich bin alles." Anders ausgedrückt: „Ich existiere in allem." Noch einmal erleben wir eine dramatische Wende unserer Perspektive vom „Nichts sein" zum „Alles sein".

Aus der Perspektive unserer Identität gibt es drei große Stadien, die aufeinander folgen. Zunächst entwickeln wir unsere alltägliche Identität, indem wir uns mit dem Körper und unseren Erfahrungen identifizieren. Es ist das kleine Ich, das uns eine klar abgegrenzte Form zu geben scheint.

Dann erkennen wir zunehmend, dass dieses kleine Ich eine Illusion ist. Die persönliche Identität und unsere Form lösen sich auf. Wir fallen ins Nichts. In diesem zweiten Stadium erfahren wir uns als formlos und ungreifbar, als Nicht-Ich.

Nachdem sich unser Ich buchstäblich im Nichts aufgelöst hat und wir uns mit diesem Zustand angefreundet haben, treten wir ins dritte Stadium ein. Wir erkennen das formlose Nichts als eins mit allen Erscheinungen. Folglich sind wir alles – Nichts und Alles. Formlosigkeit und Form. Wir erfahren uns als das „große Ich", das auch „Selbst" genannt wird. Dieses Ich ist umfassend, alles einschließend und nichts anderes als göttliches Bewusstsein. Es umfasst das absolute und das relative Bewusstsein und wird daher All-Bewusstsein genannt.

Das bedeutet nicht, dass wir in diesem Zustand allwissend sind. Wir sind kein Medium geworden, wenngleich sich mediale Fähigkeiten bei manchen Menschen einstellen können. Wir haben auch nicht die Fähigkeit, zu wissen, was in der Welt oder in anderen geschieht, in deren Vergangenheit geschehen ist oder in der Zukunft geschehen wird. All-Bewusstsein benennt die Erfahrung von Verbundenheit ohne jede Trennung. Wir sind eins mit allem, was existiert. Wir erfahren uns nicht mehr als einzelner Faden, sondern als Gewebe.

Das Eine

Um dieses umfassende Alles-Sein zu erkennen, ist noch einmal ein Perspektivenwechsel notwendig. Bisher sind wir systematisch von den Erscheinungen des Geistes zurückgetreten und haben unsere Aufmerksamkeit auf das, was beobachtet, gerichtet, bis wir uns immer mehr als formlose Präsenz jenseits aller Erscheinungen erkannt haben. Ist die Stille des formlosen Bewusstseins erkannt und die Erkenntnis so weit vertieft, dass sie uns nicht nur ein ständiger Begleiter ist, sondern wir uns als diese Stille selbst erfahren, ist die Zeit gekommen, unsere Aufmerksamkeit wieder auf die Erscheinungen im Geist zu richten, und zwar vom „Ort" der Stille aus.

Wir untersuchen den Zusammenhang zwischen Stille und Erscheinungen. Bisher war für uns erstrebenswert, vom Denken und allen Erfahrungen zurückzutreten, um tief in die Stille des Nicht-Erfahrens einzutauchen. Jetzt rücken die Gedanken und Erfahrungsobjekte wieder in den Mittelpunkt unserer Betrachtung. Gedanken und Erfahrungen sind hier erwünscht und notwendig, um zu erkennen, dass sie nur eine andere Facette ein und desselben Bewusstseins darstellen.

Wer die Gedanken schätzt, dessen Meditation
wird nie an Hunger leiden. Je mehr Brennholz,
desto größer das Feuer.

GAMPOPA

Lass dich in der Meditation nieder und richte deine Aufmerksamkeit auf Stille. Wenn Stille stärker und klarer in dein Bewusstsein tritt und es nur noch formloses Bewusstsein gibt, weite deine Aufmerksamkeit wieder und beobachte, wie sich Erscheinungen aus der Stille heraus bilden. Jeder Gedanke, jedes Geräusch, jede Empfindung ist ein Welle, die sich aus dem Meer des Bewusstseins erhebt. Eine kleine oder große Ausstülpung ein und derselben Präsenz.

Gedanke und Bewusstsein sind eins. Geräusch und Bewusstsein sind eins. Empfindung und Bewusstein sind eins. Tee und Bewusstsein sind eins. Es gibt nur noch Bewusstsein, das sich in tausenderlei Formen entfaltet und doch immer nur Bewusstsein ist. Da ist nur noch *Eine Dimension,* in großer Vielfalt sich unendlich ausdehnend.

Was für einen Sinn macht es da noch, etwas als richtig oder falsch zu bewerten, wenn sich in allem das Göttliche selbst ausdrückt? Diese Erkenntnis kann sehr überwältigend sein, und wir staunen wie ein kleines Kind mit großen Augen über die ungeheure Komplexität des Einen.

Dieser Aspekt des Seins – Vielfalt entfaltet sich aus Leerheit – wird im Buddhismus als Freudenkörper bezeichnet. Das Eine findet seinen Ausdruck in einem ekstatisch freudigen Tanz ohne Anfang und Ende. Ein nie enden wollender Tanz, sanft und wild, lieblich und zerstörerisch, schön und hässlich zugleich.

Was ist, ist Gott.

Ramana Maharshi

Wir erkennen, dass ohne die Grundsubstanz des Bewusstseins keine Welt, kein Gedanke, nicht einmal ein Sandkorn existieren kann. Es gibt nur dieses eine Bewusstsein, das sich in Leerheit und Erscheinungen manifestiert. Und all das beobachten wir nicht nur, wir sind es. Wir erfahren uns als diese eine Dimension. Und diese Erkenntnis ist auch nur ein Spiel des Einen.

> **Übung: Alles ist Bewusstsein**
> - In Stille sitzen.
> - Wahrnehmen, wo die Hauptaufmerksamkeit ist (z.B. Hören) und sich fragen: Gibt es ... (z.B. Hören) ohne Bewusstsein?
>
> (Diese Betrachtung mit immer neuen Objekten fortsetzen.)

Vollständige Verwirklichung beinhaltet die Erkenntnis beider Aspekte des Seins – Leerheit und All-Bewusstsein, Wahrheitskörper und Freudenkörper. Daher ist der Erkenntnisweg ein zweistufiger.

Erkenne die Leerheit, das Formlose, in allen Erscheinungen, indem du von allen Erscheinungen zurücktrittst.

Erkenne, wie alle Form aus Leerheit, aus dem Absoluten, entsteht und nicht unabhängig davon existieren kann. Dann offenbart sich Bewusstsein – einschließlich deines eigenen Seins – in seiner allumfassenden Dimension.

Stille und Liebe

Je mehr wir uns selbst als dieses allumfassende Eine erfahren, desto mehr erscheint uns das frühere Bemühen, von der Welt zurückzutreten, als unsinnig. Jeder Gedanke, jede Empfindung, jedes Geräusch atmet jetzt Stille, ist Ausdruck des Einen. Wieso sollten wir davon zurücktreten?

Wer alles aufgibt, wird die Realität finden.
Wer alles genießt, wird ebenfalls dorthin finden.

SRI NISARGADATTA MAHARAJ

Wie Maharaj beschreibt, können wir Stille jenseits von Erscheinungen erfahren, aber auch mitten in jeder Erscheinung. Alles ist durchdrungen von Stille. Wir sind durchdrungen von Stille.

Stille wird jetzt für uns zu einer Dimension, die nicht als unberührt und leer erfahren wird, sondern alle Dinge, alles Sein durchströmt. Wir spüren förmlich, wie sie unseren Körper, unser gesamtes Sein durchströmt. Aber nicht nur das. Wir erkennen, dass alles, was existiert, durchströmt wird von Stille. Alle Gegenstände im Raum, alle Menschen, Tiere und Pflanzen. Jede Erscheinung sprudelt aus der Quelle der Stille und ist durchdrungen von Stille.

Dieses Durchströmtwerden erfahren wir als Liebe. Es ist die Essenz von Liebe, unbedingt und ungerichtet. Eine Liebe, die uns vollkommen erfüllt und annimmt. Das ist der Grund, warum manche Menschen von Stille oder von Gott als Liebe sprechen.

Diese Liebe ist jedoch ganz anders als die Liebe zwischen Menschen. Sie ist nicht rosarot oder romantisch. Sie ist kein Gefühl, wenngleich sie von unterschiedlichen Gefühlen begleitet wird. Diese Gefühle können ekstatisch oder still, schmelzend oder nüchtern sein. Doch was immer wir fühlen, wenn wir das All-Bewusstsein berühren, es ist nur Beiwerk.

Die Liebe des All-Bewusstseins ist absolut bedingungslos, unpersönlich und umfassend – eine überfließende, durchströmende Fülle. Nicht wir lieben oder werden geliebt – wir sind Liebe. Die Quelle dieser Liebe ist objektlose Stille und ihr Ausdruck sind die vielfältigen Erscheinungen des Lebens. Alles ist Ausdruck des einen Bewusstseins.

Ich habe das Gefäß meines Herzens in diese schweigende Stunde getaucht. Es hat sich mit Liebe gefüllt.

RABINDRANATH TAGORE

Wenn wir in die objektlose Stille eintauchen, erfahren wir Sein als leer, unpersönlich und neutral. Wie ein Spiegel hat die Stille etwas Unberührtes, Transparentes, Kühles. Doch im Erkennen des Einen, erfahren wir Stille als alles durchdringende Kraft.

Spätestens an diesem Punkt unseres Erkenntnisweges erfahren wir überfließende und unterschiedslose Liebe. Wir sind Teil dieses großen Liebesstromes. Er fließt mitten durch uns hindurch und durch jede Faser unseres Seins. Persönliche Identität löst sich in diesem Strom vollständig auf. Wie konnten wir uns jemals als getrennt von dieser Liebe erfahren? Nur dies Eine, diese Liebe, fließt in uns und in allen Wesen. Wie könnten wir da andere Wesen nicht lieben?

Hier eröffnet sich uns die ursprüngliche Dimension von Liebe und Annahme. Es sind keine Eigenschaften, um die wir uns bemühen, keine ethischen Regeln, die wir einhalten sollten. Nein, es ist ursprüngliches Sein. Haben wir erst einmal das Eine Bewusstsein erkannt, das alles durchströmt, ist Liebe sein natürlicher Ausdruck. Wir sind Liebe. Also sind auch unsere Handlungen Ausdruck von Liebe.

Universelle Liebe ist die Grundenergie des
Universums. Sie ist immer da. Wenn Menschen
sagen, dass sie Liebe wollen, dann ist das wie
bei dem Fisch, der sagt, er sei durstig.
Ihr schwimmt in Liebe!

    A. H. ALMAAS

Mitfühlendes Verbundensein

Wer in diese Dimension eintaucht, der ist Stille und Liebe. Wir sind verbunden mit allem. Nicht in der Art, wie wir das zu vertrauten Menschen empfinden, die uns nahe stehen. Hier ist Verbundenheit ein persönliches Gefühl auf Grund gemeinsamer Erfahrungen, Bedürfnisse, Besitzansprüche oder Loyalitäten. Nein, die Verbundenheit des All-Bewusstseins ist frei von alledem. Sie ist unpersönlich und unbedingt. Sie ist nicht Ausdruck von Beziehung, sie ist Ausdruck von Einssein.

Natürlich sind uns immer noch manche Menschen vertrauter als andere. Aber unabhängig von den Gefühlen erkennen wir jedes Wesen als Ausdruck des Einen Bewusstseins und nicht von uns getrennt. Daher wird Mitgefühl zu unserem natürlichen Ausdruck.

Immer wenn jemand leidet, öffnet sich unser Herz und wir haben das Bedürfnis, dieses Leid zu lindern, obgleich wir gleichzeitig sehen, dass alles gut so ist, wie es ist. Das ist eine paradoxe Situation, die daher rührt, dass wir einerseits den leidenden Menschen als nicht getrennt von der Einen Wahrheit sehen und andererseits in unserem Einssein mit seinem subjektiven Leiden mitfühlen.

Ist unsere Aufmerksamkeit in der unberührten Stille verankert, sehen wir, dass nichts geschieht und noch niemals etwas geschehen ist. Es herrscht absolute Stille und Frieden. Alle Erscheinungen sind Ausdruck des Einen und damit vollkommen. Kommen wir aber in Kontakt mit dem Leiden in der Welt, sind wir zutiefst berührt davon. Unser Herz weint. Trotz der Gelassenheit, die in dem Wissen um Stille wurzelt, erfahren wir tiefes Mitgefühl, das Ausdruck unserer Verbundenheit mit allem ist.

Verbundenheit und Mitgefühl haben nicht automatisch zur Folge, dass wir nett oder sanft zu anderen sind. Da das Mitgefühl des All-Bewusstseins kein persönliches Gefühl und keine persönlichen Interessen beinhaltet, wirkt es auf andere manchmal alles andere als mitfühlend. Es muss auch nicht notwendigerweise in ein helfendes Handeln führen. Mitgefühl ist zuallererst eine Seinsqualität.

Jemand, der wirklich angebunden ist ans Sein, kann die eigene und auch die Ohnmacht anderer ertragen, ohne eingreifen zu müssen. Er weiß, dass im größten Leiden eines Individuums nichts geschieht und nichts geschehen muss, denn auch mitten im größten Leiden herrscht Stille.

In der Anbindung an Stille vermögen wir zu unterscheiden, welche Art von Hilfe das Leiden unserer Mitmenschen lindern und welche eine Vermeidung des Unumgänglichen darstellen würde. Echtes Mitgefühl birgt auch die Kraft, nichts zu tun, ohne sich abzuschneiden vom Leid der Person oder der momentanen Ausweglosigkeit.

Dieses Nicht-Tun wird möglicherweise von anderen als Hartherzigkeit oder Gleichgültigkeit empfunden und nicht als Ausdruck eines offenen Herzens. Doch wir sind unabhängig davon geworden, wie andere uns sehen. In der Erkenntnis des Einen Bewusstseins sind wir frei von den Beurteilungen anderer. Wir dienen nur noch dem Einen – der Wahrheit.

Was ist Gott? Das ewige Eine Leben hinter allen
Formen, die das Leben annimmt

Was ist Liebe? Die Gegenwart dieses Lebens
tief in dir und in allen Geschöpfen zu spüren.
Es zu sein.

ECKHART TOLLE

Und was kommt dann?

Natürlich kann es sein, dass das All-Bewusstsein genauso wieder aus dem Blick verschwindet – wie die Stille. Alte Muster und Gefühle von Getrenntheit und ichbezogenem Handeln kehren zurück. Es sind tiefe Gewohnheiten, die meist nicht von einer einmaligen Erkenntnis ausgelöscht werden. Zumal es sehr unterschiedlich tiefe Erfahrungen von Stille und All-Bewusstsein gibt.

Doch jedes erneute In-Kontakt-Kommen mit dieser alles durchdringenden Kraft des Bewusstseins wird zunehmend unser gesamtes Sein in der Welt verändern. Wir werden friedlicher, liebevoller und mitfühlender. Alles, was uns unruhig, unzufrieden und ichbezogen gemacht hat, verschwindet mehr und mehr. Konflikte lösen sich auf. Auch das Suchen hört auf. Sowohl das Suchen bei anderen, als auch das spirituelle Suchen. Wenn wir *Alles* sind, was sollten wir noch suchen?

Wie lange es dauert, bis unser Sein und unser Leben vollkommener Ausdruck von Stille und Liebe sind, ist sehr unterschiedlich und hängt davon ab, wie stark unsere alten Identifikationen sind. Daher ist auch der Erkenntnisweg immer ein sehr individueller. Jeder Mensch hat seine spezifischen Identifikationen, die ihm den Blick verstellen. Manchmal dauert es sehr lange, bis wir unsere besondere Art, identifiziert zu sein, sehen und davon zurücktreten können. Doch was spielt Zeit für eine Rolle in einer Dimension von Zeitlosigkeit?

Ich habe die ganze Welt auf der Suche nach Gott durchwandert und Ihn nirgends gefunden. Als ich wieder nach Hause kam, sah ich Ihn an der Tür meines Herzens stehen und Er sprach: „Hier warte ich auf dich seit Ewigkeiten!"

Da bin ich mit Ihm ins Haus gegangen.

    DSCHELALEDDIN RUMI

11 **MEDITATION**

Gedämpftes Licht herrscht in der Halle, in der viele Menschen schweigend auf dem Boden sitzen. Die Stille ist nur manchmal durchbrochen vom Kleiderrascheln Einzelner und vom Vogelgezwitscher im Garten, das entfernt zu hören ist. Eine Fliege summt. Der Duft von Räucherwerk liegt in der Luft.

Eine besondere Atmosphäre herrscht in Räumen, in denen viele Menschen gesammelt schweigen. Eine Atmosphäre von Ruhe und Gelöstheit, von Ernsthaftigkeit und Konzentration. Niemand will etwas von dir. Es gibt nichts zu tun, nichts zu erfüllen, nichts darzustellen. Es genügt, da zu sein. Wach und entspannt da zu sein. Ganz da zu sein.

Wer schon in Meditationsretreats war, kennt diese Atmosphäre. Eine Atmosphäre, die immer entsteht, wenn Menschen zusammen schweigen, sich der Stille hingeben, ernsthaft ihren Geist erforschen und innerlich mit ihren Dämonen ringen. Jeder, der sich einmal dieser Erfahrung ausgesetzt hat, weiß, dass es oft ein Ringen ist und kein Zuckerschlecken.

Und doch, am Ende eines Retreats sind wir meist dankbar über diese Zeit, die so anstrengend, aber auch so intensiv und erkenntnisreich sein kann. Ich erinnere mich an einen Teilnehmer, der einmal im Abschlusskreis bekannte: „Es ist komisch. Diese Tage waren so anstrengend für mich, und doch fühle ich mich jetzt in einer Weise bei mir und erholt, wie ich mir das nach einem Urlaub vorstelle. Doch nach einem Urlaub fühle ich mich nie so." Wann haben wir schon die Möglichkeit, ob im Alltag oder im Urlaub, so konzentriert und ohne jegliche äußere Zerstreuung, Raum nur für uns zu haben. Einen Raum, zu sein und wahrzunehmen, was ist.

Meditation ist keine Methode

Die üblichen Assoziationen zu dem Wort Meditation sind einander recht ähnlich. Wir denken an aufrechtes Auf-dem-Boden-Sitzen, an achtsames Atmen oder achtsames Gehen. Meditation erscheint uns als etwas, was wir tun, eine Art Übung. Doch Meditation ist viel mehr als das. Viel mehr als eine Methode, entspannt zu werden, unseren Geist zu befrieden oder klarer zu sehen.

Meditation ist im Grunde gar keine Übung. Sie ist das, was wir in Wahrheit sind. Sie ist nichts anderes als offenes Gewahrsein – spiegelgleiches Bewusstsein. Sie ist Offenheit, Transparenz und Klarheit, der Seinsgrund unserer selbst. Wie können wir etwas üben, was wir schon sind?

Als Bodhidarma nach China kam und dort vom chinesischen Kaiser gefragt wurde, welches der Kern seiner Lehre sei, antwortete dieser: „Offene Weite – nichts Heiliges." Er meinte damit die grenzenlose Weite unseres Bewusstseins, die alles in sich aufnimmt und gleichzeitig alles hervorbringt und durchströmt. So weit wie der Himmel und so strahlend wie die Sonne. Jeder, der auch nur einen Hauch dieser grenzenlosen Offenheit kennt, weiß, dass wir sie niemals üben können. Wir können uns nur in Einklang bringen mit dieser Offenheit, um sie zu erkennen.

Erleuchtung ist wie ein Zufall, aber Meditation
scheint uns viel zufallsanfälliger zu machen.

JIDDU KRISHNAMURTI

So ist Meditation zuallererst ein Ausdruck dessen, was wir sind. Eher Hingabe als Handlung. Hingabe an Stille, Hingabe ans Sein. Durch Meditation bringen wir uns in Einklang mit Stille, um sie schließlich zu verkörpern. Es ist eine Art Dienst am Sein, Dienst am Göttlichen.

Durch die Vorstellung des Dienens bringen wir uns in eine Haltung von Offenheit und Bereitschaft. Bei einem Dienst geht es nicht um uns und unsere Bedürfnisse. Im Mittelpunkt stehen nicht unsere persönlichen Vorstellungen, die sich innerhalb der engen Grenzen unserer Ich-Identität bewegen, sondern wir öffnen uns vertrauensvoll. Unsere Meditation wird dadurch zum Dienst an unpersönlicher und absoluter Wahrheit. Wir schenken uns dem Sein und vertrauen darauf, dass es sich in vollkommener Weise in uns entfalten wird.

Vertrauen ist das Gegenteil von Kontrolle und die Grundlage dafür, sich öffnen zu können. Solange wir noch Vorstellungen davon haben, was in der Meditation geschehen soll, werden wir versuchen, subtil zu kontrollieren, und schränken dadurch unsere Offenheit ein. Erst wenn wir vertrauen, können wir uns hingeben. So sind Vertrauen, Hingabe und Dienen aufs Engste miteinander verknüpft und lassen unsere Meditation zu einem Ausdruck vollkommener Offenheit werden.

So weit wie der Himmel

Wenn wir Meditation auf diese Weise verstehen – als die Verkörperung von Offenheit – , werden wir auch unsere Aufmerksamkeit weit und offen lassen und uns nicht auf ein Objekt konzentrieren, wie es in manchen Traditionen Brauch ist. Sich zu konzentrieren, bedeutet, sich festzulegen. Wir verengen dabei den Fokus unserer Aufmerksamkeit. Es ist vergleichbar mit Situationen im Theater, in denen der Scheinwerfer nur einen winzigen

Bereich der Bühne beleuchtet und der Rest im Dunkeln bleibt. Genauso greifen wir mit der Objektmeditation durch Konzentration einen Teil aus der Gesamtheit heraus und sind uns nicht mehr der Weite des Bewusstseins gewahr.

Dies hat sicherlich einen sehr disziplinierenden Effekt auf unseren oft so zerstreuten Alltagsgeist. Sammlung und angenehme Zustände von Ruhe können dabei eintreten. Doch Ruhe ist nicht dasselbe wie Stille. Ruhe ist das Fehlen oder Unterdrücken von Lärm und Bewegung, wogegen Stille die Unberührtheit von Lärm und Bewegung ist. Sie ist eine Dimension jenseits von Lärm und Bewegung. Wie die Weite des Himmels gerade dadurch so unberührt von allen Wolken ist, weil sie alles aufnimmt und durch sich hindurchziehen lässt, so ist die Natur von Stille eine vollständige Offenheit für alle Phänomene des Geistes. Nur durch eine offene Aufmerksamkeit können wir uns in Einklang bringen mit der umfassenden Weite, die sich uns als Stille offenbart.

So ist es nur natürlich, dass wir in der Meditation die Haltung des offenen Gewahrseins einnehmen als Ausdruck dafür, dass Bewusstsein grenzenlos, absolut durchlässig und offen ist. Wir lassen den Fokus unserer Aufmerksamkeit weit und beobachten, wie alle Erscheinungen in dieser Weite auftauchen und darin wieder verschwinden.

Wach und entspannt

Wenn Meditation dazu dient, uns in Einklang mit Stille zu bringen, dann ist es hilfreich, ihr einen klaren äußeren Rahmen zu geben, der die wesentlichen Aspekte von Stille unterstützt. Dann kann unsere Meditation zu einem Gefäß werden, das geräumig, stabil und luftig zugleich ist. Ein Gefäß, in der die Flamme der Sehnsucht nach Wahrheit brennen kann.

Die äußeren Aspekte unserer Meditation wie Körperhaltung und Zeitstruktur sind Ausdruck einer bestimmten inneren Haltung, die unseren Geist ausrichtet. Stimmen wir uns auf diese ein, ergibt sich daraus ganz natürlich die äußere Form der Meditation.

Zuerst sind es die beiden zentralen Komponenten Wachheit und Entspannung, die ausbalanciert werden müssen, wenn unsere Meditation fruchtbar sein soll. Da sie zwei Grundeigenschaften von Stille darstellen, verhilft uns eine Einstimmung auf sie zu einer Vertiefung dieser beiden wichtigen Qualitäten.
Mit Wachheit ist Gegenwärtigsein gemeint. Sie ist das Herzstück der Meditation. Und Entspannung gibt der Wachheit die nötige Weite und Offenheit. Denn Anspannung ist immer ein Ausdruck von Wollen oder Widerstand und macht uns eng. Offenheit dagegen kennt keine Anstrengung. Daher führt eine entspannte Körperhaltung zu mehr Offenheit, und umgekehrt bewirkt zunehmende Offenheit automatisch mehr Entspannung.

Richten wir uns darauf aus, wach und entspannt zu sein, werden wir auch eine Körperhaltung einnehmen, die uns darin unterstützt. Da Menschen sehr verschieden sind, kann dies natürlich zu recht unterschiedlichen Körperhaltungen führen. Was für den einen eine entspannte Haltung bedeutet, ist für den anderen eine Qual – und umgekehrt. Was den einen wach macht, verführt den anderen zum Einschlafen. Meiner Erfahrung nach gibt es nicht „die richtige", es gibt nur die hilfreichste Haltung für jeden Einzelnen und selbst das kann sich ändern.
Auch die verbreitete Form des Sitzens auf dem Boden während der Meditation hat lediglich mit der Überlieferung des Buddhismus aus Asien zu tun, wo das Meditieren eine lebendige Tradition ist und auf dem Boden stattfindet. Mein Lehrer, Fred von Allmen, der jahrelang in Asien meditiert hat, fragt öfter zu Beginn

eines Retreats: „Aus welchem Grund sitzen Asiaten beim Meditieren auf dem Boden?" Und dann antwortet er selbst mit einem Schmunzeln: „Weil in Asien die Menschen immer auf dem Boden sitzen." Auf dem Boden zu sitzen hat also nichts Spirituelles an sich.

Ich kenne Menschen, die dann sehr wach sind, wenn sie sich bequem auf einer Couch oder im Sessel sitzend anlehnen können. Andere meditieren am liebsten auf einem Stuhl und wiederum andere fühlen sich am meisten durch eine strenge Zen-Haltung auf dem Boden unterstützt. Letztendlich können nur wir selbst wissen, was uns am meisten hilft, wach und entspannt zu sein.

Ein stabiles Gefäß

Eine andere wichtige Grundhaltung ist die Entschlossenheit, sich dem Jetzt zuzuwenden. Entschlossenheit ist notwendig, wenn wir nicht von den Launen unseres Geistes, wie ein Ochse am Nasenring, von einer Vorliebe zur anderen gezogen werden wollen.

Wenn du gehst, gehe nur.
Wenn du sitzt, sitze nur.
Vor allem aber schwanke nicht.

YUN-MEN – ZEN

Die Entschlossenheit, all das wahr- und anzunehmen, was in jedem Moment in unserem Geist erscheint, gibt der Meditation eine enorme Stabilität. Entschlossenheit ist eine innere Disziplin, die uns ermöglicht, uns immer aufs Neue auf wahre Offenheit einzustimmen. In der spirituellen Kriegerschaft nennt man diese Orientierung an innerer Disziplin die „Makellosigkeit" des Kriegers. Makellos zu sein, bedeutet nicht, perfekt zu sein. Es gibt keine perfekte Meditation, sondern nur viele Vorstellungen darüber, die alle losgelassen werden müssen zugunsten dessen, was ist.

Meditation ist nicht, was du denkst.

ANONYMUS

Disziplin ist für viele Menschen ein schwieriger Begriff, den sie mit Kontrolle und „müssen" assoziieren und daher ablehnen. Doch die innere Disziplin der Meditation meint keine Disziplinierung im Sinne einer Unterdrückung bestimmter Impulse, sondern vollkommen wache Offenheit für sie.

Es gibt nur einen Maßstab für unsere Meditation, einen einzigen Kompass, nach dem wir uns ausrichten – die Wahrheit des Augenblicks. Wie ist jetzt die Beschaffenheit unseres Geistes? Was unterstützt uns jetzt, gegenwärtig zu sein? Welche Vorstellungen, Vorlieben oder Selbstbilder müssen wir dazu vielleicht loslassen? Nur die unmittelbare Gegenwart zählt, um zu sehen, was ist.

„Sehen, was ist" bedeutet nicht, zu urteilen. Sehen bedeutet offen sein für die Phänomene, so, wie sie sich gerade zeigen. Sehen, ob wir gedankenverloren sind oder nicht; ob wir gelangweilt und müde sind oder wach und neugierig; ob wir durchlässig für alles sind oder gerade einer Vorstellung nachjagen. In der Weite des Bewusstseins ist alles gleich gut und in Ordnung. Wir sind bewusst mit der Stille und mit dem Lärm und ebenso mit den Urteilen in unserem Geist. Das ist Makellosigkeit.

Offene Aufmerksamkeit bewegt sich auf dem schmalen Grat zwischen Unterdrücken und Ausagieren. Wir lassen alles zu, bemerken unsere Vorlieben, aber geben ihnen nicht nach. Gedanken beobachten, Gefühle beobachten, Empfindungen beobachten, Geräusche beobachten, das Beobachten beobachten. Angenehme Gefühle beobachten und loslassen und unangenehme Gefühle beobachten und zulassen. Das braucht eine enorme Stabilität, Offenheit und Interesse am Jetzt.

Je makelloser unsere Ausrichtung auf die Wahrheit des jeweiligen Augenblicks ist, desto leichter können wir uns auf Offenheit einstimmen, denn unser Gewohnheitsgeist ist wie ein kleines Kind: Wenn die Grenze ganz klar ist, kann es sich hinein entspannen. So kann auch ein unangenehmes Gefühl in dem Moment verschwinden, in dem wir vollständig ja dazu sagen und es ganz zulassen. Wenn dagegen unser Gewohnheitsgeist die kleinste Verunsicherung unserer Entschlossenheit, ja zu sagen, bemerkt, wird er alles daran setzen, unsere Vorlieben anzufeuern. Zweifel, Unruhe und alle möglichen Dämonen werden uns befallen und oft auch besiegen, nur um uns einmal mehr zu zwingen, die Gegenwart wieder aus dem Blick zu verlieren.

Himmel und Hölle sind keine Orte, an die man nach dem Tode geht. Sie sind hier und jetzt!

Gott und der Teufel sind in unseren Gedanken und die Tore zu Himmel und Hölle sind für dich jederzeit offen.

HAKUIN

Insofern ist Meditation oft auch ein Ringen mit den Dämonen des Ichs, mit seinen Vorlieben und Vorstellungen, mit Horden von kleinen Teufeln in Form von unangenehmen Gefühlen, die auftauchen, wenn wir uns den Vorlieben widersetzen und diese einfach wach und klar sehen wollen, ohne ihnen nachzugeben. Die meisten dieser Teufel kennen wir bereits aus unserem Alltagsleben. Sie sind uns dort nur meistens nicht so bewusst, da wir sie, wenn sie auftreten, sofort zu besänftigen, zu unterdrücken oder abzulenken wissen.

Schließlich müssen wir sie auch nicht besiegen, wir müssen sie nur klar und bewusst sehen. Hundertmal, tausendmal werden wir eine kleine Schlacht verlieren und dabei die Gegenwart aus dem Blick verlieren. Na und? Alles ist ein großer Tanz, der nur auf der Bühne unseres Bewusstseins stattfindet. Niemand kämpft und niemand wird besiegt. Der Tanz, der Kampf und die Teufel sind nur Erscheinungen, die aus der Stille auftauchen, um dann wieder darin zu verschwinden. Erkennen wir die Stille, dann treten die Figuren des Schauspiels in den Hintergrund.

Wenn unsere Meditation Ausdruck der Entschlossenheit ist, uns am Jetzt zu orientieren, wird diese Stabilität auch in der äußeren Form unserer Meditation sichtbar werden. Ob sitzend, stehend oder liegend, wir werden eine stabile Körperhaltung einnehmen und unserer Meditation damit eine klare Form geben. Mit stabiler Körperhaltung ist nicht nur gemeint, möglichst stabil zu sitzen, sondern auch, eine bestimmte Körperhaltung zu wählen und sie für die Zeit der Meditation beizubehalten. Das wird besonders deutlich in der Gehmeditation, in der wir uns eine kurze Strecke aussuchen, die wir langsam immerzu auf und ab gehen. Auch hier geben wir dem Gehen eine klare Form und so wird es zu einem stabilen Gefäß für unsere Wachheit.

Was die Zeit betrifft, ist es nicht entscheidend, wie lange unsere Meditation dauert, wenngleich die Länge auch Ausdruck dafür ist, wie viel Gewicht die Sehnsucht nach Stille in unserem Leben hat. Hilfreich ist aber, um die Vorlieben unseres Geistes zu sehen, wenn wir zu Beginn der Meditation eine Abmachung mit uns treffen, wie lange wir sitzen wollen, egal, wie angenehm oder unangenehm das Sitzen ist. Wie wollen wir unsere Vorlieben und Identifizierungen entdecken, wenn wir einer jeden folgen? Sich ein stabiles Gefäß zu schaffen, bedeutet, sich an Wahrheit und Nicht-Tun zu orientieren. Auf diese Weise dient eine klare Form unserer Praxis der absoluten Wahrheit und richtet sich immer mehr auf diese aus.

Wärme

Entschlossenheit und innere Disziplin brauchen jedoch auch den anderen Pol der Wärme und Annahme, sonst kann es dazu führen, dass sich unsere Entschlossenheit in Härte, Strenge und Unnachgiebigkeit verwandelt. Strenge fördert nur die Tendenz des Urteilens und nicht der Offenheit. Der innere Richter benützt Idealvorstellungen von Meditation dazu, um sie uns unter die Nase zu halten und darauf hinzuweisen, wie ungenügend wir doch sind. Die Folge ist, dass wir uns minderwertig fühlen und möglicherweise aufgeben oder dass wir noch härter mit uns umgehen, damit unsere Meditation „perfekt" wird.

Um nicht in die Falle solcher Unnachgiebigkeit zu geraten, ist es immer wieder wichtig, sich zu erinnern, dass Offenheit nichts anderes als bedingungslose Annahme ist. Die Stille des grenzenlosen Bewusstseins hat keine Vorlieben und kennt kein Ideal. Bewusstsein spiegelt genauso Gedankenstille wie Gedankenverlorenheit, tiefe Ruhe wie Ruhelosigkeit, Wachheit wie Müdigkeit. Nur unsere Vorstellung sagt uns, was eine „gute" und was eine „schlechte" Meditation ist. In der Soheit des Bewusstseins gibt es diese Kategorien nicht.

*Von Zeit zu Zeit kommen Wolken und geben den
Menschen die Gelegenheit, sich ein wenig davon
auszuruhen, den Mond zu betrachten.*

BASHO

Alles ist angenommen, was im Geist an „Verrücktem" und „Unerleuchtetem" auftaucht. Du bist angenommen in deiner menschlichen Unvollkommenheit. Meditation ist zuallererst Ausdruck dieser grenzenlosen Annahme. Du darfst sein. Du darfst einfach so da sein, wie du jetzt gerade bist. Du darfst mit allen Facetten von dir da sein und das Gefäß der Meditation nimmt alles auf, lässt alles zu, nimmt alles an. Dieses Gefäß wird auf diese Weise riesengroß, alles umfassend. Es hält dich wie eine gute Mutter in den Armen – liebevoll, verständnisvoll, annehmend.

Trage Sorge dafür, dass das Gefäß deiner Meditation so groß, so luftig und so umfassend wie der Himmelsraum ist und nicht so klein, hart und zerbrechlich wie ein Tontopf. Nur dann kannst du dich in Einklang bringen mit deiner wahren Natur, die grenzenlos annehmend, aufnehmend und dadurch unzerstörbar ist.

Nachdem ich bis jetzt über die allgemeine Haltung in der Meditation geschrieben habe, möchte ich noch eine Anregung dazu geben, wie sich Meditation im Konkreten gestalten kann. Die vier Phasen der Meditation, die ich hier beschreibe, bilden ein Gerüst, das klar ausgerichtet ist auf Wahrheit und Stille und das gleichzeitig genug Raum lässt, um es ganz zu *deiner* Meditation werden zu lassen.

Die erste Phase:
Die Flamme entfachen

Zu Beginn einer Meditation ist es hilfreich, wenn wir uns unsere Motivation vergegenwärtigen. Warum meditieren wir? Wieso gehen wir nicht lieber spazieren oder ins Kino? Oft haben wir im ersten Moment keine Antwort darauf. Wir setzen uns hin, weil wir uns immer morgens oder abends zum Meditieren hinsetzen. Es wird zur Gewohnheit oder sogar zur Pflichterfüllung. Zur Beruhigung unseres schlechten Gewissens, das uns einredet, man müsse auch etwas für sein Seelenheil tun. Doch Gewohnheit oder Pflichterfüllung hat keine Kraft und keine Frische.

Daher ist es wichtig, sich zu Beginn klar zu machen, aus welchem tieferen Grund wir uns Zeit zum „bewussten Dasein" nehmen. Was sagt uns unser Herz, warum wir das tun? Welche Sehnsucht treibt uns an? Vielleicht die Sehnsucht nach Präsenz oder Erfüllung? Nach Frieden, Lebendigkeit oder Sinn? Wenn wir uns immer wieder aufs Neue anbinden an unsere persönliche Sehnsucht, ist es wie das Anfachen einer Glut im Ofen. Die Flamme, die in der schwachen Glut verborgen ist, schießt plötzlich wieder in die Höhe. Wir spüren wieder unsere Motivation und die Kraft, die darin liegt. Wir brauchen diese Kraft und Frische, sonst wird unsere Meditation zu einer Gewohnheit abflachen und wir werden einfach nur die Zeit absitzen, um unsere spirituelle Pflicht abzuhaken.

Manchmal kann es sein, dass die Glut schon fast am Ausgehen ist, erstickt von Alltagspflichten oder Problemen. Dann ist es besonders wichtig, sich viel Zeit dafür zu nehmen, die Glut wieder anzufachen. Wir könnten uns dann an Momente unseres Lebens erinnern, die uns besonders kostbar waren. Augenblicke, in denen Präsenz, Stille, Gelassenheit oder Liebe lebendig waren. Was zählte in diesen Momenten?

Oder wir machen uns unsere aktuelle Unzufriedenheit bewusst. Was macht mich gerade so unzufrieden und welche tiefere Sehnsucht verbirgt sich darin?

Wir könnten uns auch unsere Vergänglichkeit ins Bewusstsein rufen, denn das bringt uns schnell wieder mit dem in Kontakt, was uns wirklich wesentlich im Leben erscheint. Wir könnten uns zum Beispiel fragen: Was wäre mir noch wichtig, wenn ich wüsste, dass ich nur noch ein Jahr zu leben hätte? Oder eine Woche? Oder nur noch diesen einen Tag?

Was immer es ist, was dich im Herzen bewegt und deine Flamme brennen lässt – nähre es, halte es lebendig. Es ist eine kostbare Kraft, die dich voranbringen kann, die dir Kraft, Mut und Geduld auch in schweren Stunden gibt. Die Essenz dieser Flamme ist bereits das, was du suchst – deine wahre Natur.

Die zweite Phase:
Den Geist ausrichten

Wenn deine Motivation klar und kraftvoll geworden ist, dann erinnere dich daran, dass du schon das bist, was du suchst. Es gibt niemals irgendetwas zu tun, irgendwo hinzukommen, irgendwer zu werden. Alles, was du suchst – Befreiung, Präsenz, Stille, Weite, Liebe, Offenheit, Klarheit, Annahme – ist bereits in diesem Moment da. Also entspanne dich.

Vergegenwärtige dir, dass Bewusstsein deine Natur und in jedem Moment vollständig offen, grenzenlos und annehmend ist. Diese Offenheit kannst du nicht tun. Sie ist. Du bist das. Und in dieser Offenheit ist Stille – frei und unberührt von allem inneren Lärm und aller Bewegung, die der Geist hervorbringt. Erinnere dich daran. Vielleicht siehst du diese Durchlässigkeit des Bewusstseins bildlich vor dir oder du bekommst ein Gefühl davon. Wichtig ist, dass es einen Moment lang möglichst plastisch für dich wird.

Wenn wir uns die Offenheit und Grenzenlosigkeit des Bewusstseins vergegenwärtigen, findet automatisch eine Ausrichtung statt. Unser Geist und damit auch unsere Meditation bekommen eine Richtung, und zwar eine Ausrichtung auf absolutes Bewusstsein. Gleichzeitig erinnern wir uns, dass dies im eigentlichen Sinne keine Suche ist, mehr ein Heimkommen, denn schließlich sind wir niemals getrennt davon.

Die dritte Phase:
Gegenwärtig sein

Mit der nächsten Phase beginnt der Hauptteil der Meditation, die Ausrichtung auf die Gegenwart. Wir öffnen uns bewusst für das, was gerade da ist. Vielleicht Gedanken, vielleicht Empfindungen, vielleicht Stille. Wir treffen keine Wahl, worauf wir unsere Aufmerksamkeit richten. Außer der einen – keine Wahl zu treffen und gegenwärtig zu sein. Das ist offenes Gewahrsein. Auf diese Weise sind wir wie ein Spiegel. Wir spiegeln alles wider, ohne Unterschied. Wir verkörpern dadurch Offenheit und Präsenz. Wir sind wach da.

Der hauptsächliche Zweck von Meditation ist,
dass uns unser inneres Leben bewusst und bekannt
wird. Der Urzweck ist, die Quelle von Leben und
Bewusstsein zu erreichen.

SRI NISARGADATTA MAHARAJ

Typischerweise wird zunächst der Spiegel unseres Bewusstseins nicht leer sein, sondern es wird die augenblickliche Beschaffenheit unseres Geistes zutage treten. Wenn wir zur Zeit zerstreut sind, werden wir viele zerstreute Gedanken vorfinden. Wenn wir Probleme haben, werden uns diese Probleme beschäftigen. Wenn wir erholt und entspannt sind, wird auch eine verhältnismäßige Ruhe herrschen. Das ist manchmal für Anfänger sehr enttäuschend. Sie meditieren um still, gelassen und präsent zu sein, und stattdessen finden sie wieder nur das vor, was sie sonst auch beschäftigt, nur noch ein bisschen bewusster, ein bisschen deutlicher. Doch wieso sollte unser Geist plötzlich anders sein? Weil wir uns hinsetzen und achtsam wahrnehmen?

Unser Geist ist, wie er immer ist. Für das Erkennen von Stille spielt es keine Rolle, wie er ist. Erinnere dich: Es geht nicht um Ruhe und angenehme Gefühle. Diese werden auftreten und wieder vergehen. Es geht um Offenheit. Es geht um die Stille und Präsenz, die jenseits von allen Objekten ist. Was spielt es also für eine Rolle, ob dein Geist gerade ruhig ist oder wie ein Affe von einem Ast zum andern turnt?

Die einzige Schwierigkeit dabei ist, dass ein unruhiger Geist viel mehr dazu verführt, sich mitreißen zu lassen und wir die Präsenz aus dem Blick verlieren. Daher kann es hilfreich sein, gerade wenn wir uns ständig in Gedanken und Gefühlen verlieren, sich mit einer einfachen Technik in der Gegenwart zu verankern. Wir beobachten nicht nur, was gegenwärtig geschieht, sondern benennen dieses Beobachten kurz und prägnant. „Bewusstsein des Atmens." „Bewusstsein des Denkens." „Bewusstsein des Hörens."

Jedes Mal, wenn wir etwas benennen, sind wir Spiegel, sind wir gegenwärtig. Dabei empfehle ich sehr, nicht nur das Objekt unserer Aufmerksamkeit zu benennen, so wie es meistens empfohlen wird, also „Atmen", „Denken", „Hören", sondern immer „Bewusstsein des ..." dazu zu sagen, da uns dies automatisch an unsere wahre Natur erinnert. Irgendwann werden wir uns immer stärker des Vorgangs des Bewusstwerdens bewusst und die Objekte treten in den Hintergrund. Wir sind uns des Bewusstseins bewusst. Das ist Gewahrsein. Wir lauschen und tauchen ein in Stille.

Auf diese Weise fördern wir immer mehr Präsenz und Gegenwärtigkeit, ohne uns endlos mit den Objekten unseres Geistes zu identifizieren und darin zu verlieren. Über kurz oder lang entsteht darüber eine Sammlung in uns, die nicht durch Konzentration auf ein Objekt entsteht, sondern durch die Vertiefung offener Präsenz.

Die grundlegende Meditationsanweisung ist
ganz einfach: Sei achtsam, wach und liebevoll
in Berührung mit jedem Moment des Seins.

FRED VON ALLMEN

Die vierte Phase:
Das Erforschen

Erst wenn sich unsere Präsenz und unsere Sammlung stabilisiert haben und es müheloser wird, gegenwärtig zu sein, ist es sinnvoll, sich dem Erforschen zuzuwenden. Daher ist die vierte Phase des Erforschens weniger für den Alltag gedacht, sondern gerade für längere Schweigezeiten, wie zum Beispiel im Retreat, wenn wir uns mehrere Tage unabgelenkt der Meditation widmen können. Dann wird nach einer gewissen Zeit unsere Sammlung stabiler werden, und wir können beginnen, der Natur unseres Geistes auf den Grund zu gehen.

Den Geist zu erforschen, ist etwas sehr Wesentliches, gerade wenn es darum geht, Aspekte wie Ichlosigkeit, Körperlosigkeit oder All-Bewusstsein zu verwirklichen. Allein in die Stille des Nicht-Erfahrens einzutauchen, führt nicht automatisch zum

Erwachen aus den tief sitzenden Illusionen unserer Identität. Dazu ist ein sehr subtiles, achtsames Erforschen dieser Überzeugungen notwendig.

Freilich sollte dieses Erforschen nicht in ein kognitives „Philosophieren" münden, sondern wirklich an unmittelbare Erfahrung angebunden sein. Das ist der Grund dafür, dass Erforschen erst in Augenblicken Sinn macht, wenn unser Gegenwärtigsein mühelos geworden ist. Wir müssen die Überzeugungen anhand unserer unmittelbaren Erfahrung untersuchen und hinterfragen. Nur durch unmittelbare Erkenntnis sprengen wir den gewohnten Rahmen unseres dualistischen Denkens und öffnen uns für Neues.

Erforschen können wir grundsätzlich alles, was in unserem Geist geschieht: was Denken ist und was es bewirkt; wie der Zusammenhang zwischen Gedanken, Gefühlen und Wahrnehmungen ist; ob es etwas gibt, was nicht vergänglich ist; ob wir ein Ich finden oder wer es ist, der beobachtet?

Unserer Neugier sind keine Grenzen gesetzt. Je unvoreingenommener und neugieriger wir erforschen, desto mehr spannende Fragen werden sich stellen. Hinter jeder Frage tauchen wieder neue Fragen auf.

Und noch einmal möchte ich daran erinnern, dass unsere Konzentration durch nichts so zunimmt, wie durch aufrichtiges Interesse. Kein Bemühen und kein Wollen kann jemals unsere Konzentration so verstärken wie die Intensität, die durch natürliche Neugier entsteht. Nutze diese Kraft! Sie ist uns eine immanente Eigenschaft, an die wir uns nur erinnern müssen. Erforsche also nicht irgendetwas, wovon du glaubst, dass es wichtig für deinen spirituellen Fortschritt sei, sondern erforsche, was dich jetzt brennend interessiert.

Vielleicht hast du auch in diesem Buch Nahrung für deine Neugier gefunden. Zeilen, die dein Feuer wieder entfacht haben.

Möglicherweise gibt es auch Passagen, die du nicht verstehst oder die du kopfschüttelnd in Zweifel ziehst. Lass dieses Feuer oder diese Zweifel in deine Neugier fließen. Untersuche selbst. Finde deine eigenen Antworten. Finde deine eigenen Worte. Stelle deine eigenen Fragen. Sei neugierig wie ein kleines Kind, das die Welt erforscht.

Jedes Thema dieses Buches eignet sich dazu, es in der unmittelbaren Erfahrung zu erforschen. Nur wenn du die Aspekte von Stille, die in diesem Buch beschrieben werden, selbst erfährst und durchdringst, haben sie einen Nutzen für dich und dein Leben. Nur deine eigenen Erkenntnisse können deine Sichtweisen und dein Leben von innen her verändern und dich zu tiefem Frieden führen. In gewissem Sinne dient dieses Buch nur dazu, deine Aufmerksamkeit auf bestimmte Aspekte des Seins zu lenken, um deine Neugier zu wecken und die Glut anzufachen.

Wenn wir längere Zeit geforscht haben, kann es sein, dass unsere Aufmerksamkeit ermüdet oder unsere Fragen zu kognitiv werden. Dann sollten wir wieder zum schlichten Gegenwärtigsein zurückkehren. Wir binden uns wieder an die unmittelbare Erfahrung und die Präsenz an. So können sich Phase drei und Phase vier, Gegenwärtigsein und Erforschen, abwechseln und ergänzen. Auch hier gilt es wieder, Balance zwischen den Polen zu halten.

Im Übrigen hat die Meditation sehr viel mit Balance zu tun. Wie eine Seiltänzerin ständig ihr Gewicht ausbalancieren muss, so gilt es auch in der Meditation, die verschiedenen Pole fein miteinander abzustimmen. Wachheit und Entspannung, präzises Gegenwärtigsein und Sanftheit, Entschlossenheit und Vertrauen, Stabilität und Weite, Makellosigkeit und bedingungslose Annahme, Sammlung und Erforschen bilden die Pole, zwischen denen sich unsere Meditation entfaltet.

Gelingt es uns, das Gefäß der Meditation so weit und umfassend zu machen, dass diese Pole darin Platz finden, wird sie Tanz und Abenteuer zugleich sein. Tanz, weil sich unsere Aufmerksamkeit frei schwingend wie eine Tänzerin zwischen diesen Polen bewegt. Abenteuer, weil es nichts Spannenderes gibt, als tief zu durchdringen, wer wir sind und was das Leben bedeutet.

Sich bedanken

Wenn wir unsere Meditation beenden, ist es hilfreich, sie in einen größeren Zusammenhang zu stellen. Dadurch bringen wir uns wieder ins Bewusstsein, dass Meditation keine persönliche Angelegenheit, sondern ein Dienst am Ganzen ist. Wir können Stille nicht „machen", wir können uns ihr nur vertrauensvoll öffnen. Eine einfache Möglichkeit, sich an diese Haltung des Dienens zu erinnern, ist es, sich am Ende zu bedanken.

Dankbarkeit ist ein spontanes Geschehen, wenn wir uns beschenkt fühlen. Unser Herz öffnet sich und fließt über. Natürlich können wir Dankbarkeit ebenso wenig „machen", aber wir können unsere Aufmerksamkeit auf die Geschenke des Lebens richten. Was läuft gut in meinem Leben? Wie unterstützt mich das Sein?

Indem wir am Schluss über diese oder ähnliche Fragen kontemplieren, öffnen wir uns für den Reichtum des Lebens und fördern unser Vertrauen.

12 Sei ohne Sorge

Alles geht zu Ende, so auch dieses Buch. Vergänglichkeit begleitet uns auf Schritt und Tritt. Kein Tag vergeht, an dem nicht unzählige kleine und manchmal auch große Dinge zu Ende gehen. Angenehmes wie Unangenehmes vergeht. Manchmal erleben wir es als Befreiung und manchmal als Schmerz; mal feiern wir ein Ende, und ein andermal wehren wir uns verzweifelt gegen das Unvermeidliche.

Doch jedes Ende ist zugleich ein Neubeginn. Auch wenn wir das Neue oft noch gar nicht sehen können, ist es bereits im Ende enthalten. Wie im Winter, wenn die Pflanzen erst unsichtbar im Boden keimen, um dann im Frühjahr mit Kraft ans Licht zu drängen, so scheint manchmal das Leben nach einem Kahlschlag öde und leer und über lange Zeit bleibt das Neue, das ins Leben drängt, noch für uns verborgen.

Doch so sicher wie der Frühling kommt und die Triebe plötzlich aus dem Boden spitzen, so sicher wird Neues in unser Leben treten. Wahrscheinlich anders, als wir es uns vorgestellt haben, aber ist das ein Fehler? Auch die Blumen sind jeden Frühling neu und einzigartig. Unsere Vorstellungen sind so begrenzt, so klein im Vergleich zu diesem ungeheuer gewaltigen und komplexen Vorgang, den wir Leben nennen. Was bleibt uns anderes übrig, als uns dieser Kraft, die dieses Leben hervorbringt, anzuvertrauen.

Dem Leben vertrauen

Vertrauen ist die Grundlage des Weges. Wie können wir annehmen, wie loslassen, wie uns öffnen und hingeben, wenn wir nicht vertrauen? Vertrauen bedeutet, zu fühlen, dass die Dinge schon irgendwie richtig sind, auch wenn wir sie nicht verstehen können. Dass das Leben schon weiß und für uns sorgt.

Nicht in der Weise für uns sorgt, dass es unsere Vorstellungen und unsere Wünsche bedient, sondern so, dass wir über unsere Vorstellungen hinauswachsen und uns öffnen. Jede Lektion, die uns das Leben erteilt, ist eine kleine oder große Aufforderung, uns zu öffnen und hinzugeben. Eine Aufforderung, unsere begrenzenden Vorstellungen zugunsten einer grenzenlosen Offenheit aufzugeben. So führt uns das Leben Schritt für Schritt in die Offenheit des absoluten Bewusstseins. Nur in dieser Offenheit finden wir Frieden und Stille.

Sei ohne Sorge,
frage dich: Wer sorgt sich?

Wieso bleibst du in deiner Gefängniszelle,
wenn die Tür weit offen steht?

Tritt aus dem Gewirr furchtsamer Gedanken heraus,
lebe in Stille.

Fließe nach unten
und dehne die Kreise des Seins immer weiter aus.

DSCHELALEDDIN RUMI

Natürlich ist, sich zu öffnen, auch manchmal schmerzvoll. Vor allem dann, wenn wir das Gefühl haben, vom Leben aufgebrochen zu werden. Aber sich nicht zu öffnen, heißt, nicht lebendig zu sein. Heißt, sich vor dem Leben zu verstecken und eingesponnen in persönliche Vorstellungen und scheinbarer Sicherheit zu verharren. Ist das weniger schmerzvoll?

Wie wenig hat doch ein Leben im Schlaraffenland mit Lebendigkeit, Fülle und Freiheit zu tun. Die anfängliche Befriedigung wird bald schal und fängt wie ein Wasserloch, das keinen frischen Zulauf hat, nach einer Weile an zu modern. Alles, was wir festhalten, hat keine Frische mehr, keine Präsenz und beginnt zu modern.

Daher möchte ich dich am Ende bitten, auch an nichts festzuhalten, was in diesem Buch steht. Versuche nicht, es in deinen Gedanken zu konservieren. Mache die Sichtweisen dieses Buches nicht zu einer neuen „idealen Lebensweise", der du nacheiferst oder die du in Diskussionen verteidigst. Lass alles Gelesene wieder los. Es bedeutet nichts.

Vielleicht hat es dich für Augenblicke berührt – nur das zählt. Denn das, was dich berührt, steht im Einklang mit deinem Wesen und bringt es zum Schwingen. Dein Lied wird erklingen, und wenn du darauf achtest, weist es dir den Weg im pfadlosen Land, das dieses Leben ist. Deshalb sorge dich nicht um Wege, die andere vorschlagen oder gehen, sondern achte nur auf die Resonanz deines Herzens.

So hast du gleich zwei Führer: das Leben und dein Herz. Das Leben hilft dir in jeder Situation, dich immer weiter zu öffnen, bis du die vollständige Offenheit deiner wahren Natur erkennst, und die Resonanz deines Herzens lässt dein persönliches Lied erklingen. Ein Gesang in den unendlichen Weiten des Seins.

Ein Herzenswunsch zum Schluss

Wenn ich auf die vielen Menschen schaue, die sich mir in den letzten Jahren anvertraut haben, sehe ich immer die gleiche Sehnsucht: ein Sehnen nach Glück, Liebe, Frieden und Angenommensein.

Schau auf dein Leben oder auf das Leben deiner Nächsten, ist es anders? Und schau auf das Leben derer, die du nicht magst oder die du vielleicht sogar deine „Feinde" nennst; kannst du bei ihnen etwas anderes entdecken als die Sehnsucht nach und das Ringen um Glück und Frieden? Worin also besteht der Unterschied zwischen ihnen, dir und allen anderen Menschen?

Wir alle sind Teil dieses großen Ringens. Wir alle kennen Momente von Lachen und Weinen, Heilung und Schmerz, Tanzen und Gelähmtheit, Liebe und Zorn. Alle ringen wir mit unseren Unvollkommenheiten, und doch kenne ich keinen Menschen, der es geschafft hätte, perfekt zu werden. Wäre es da nicht viel einfacher, sich anzunehmen? Unser Leben wäre dann um vieles leichter und friedvoller.

Dann könnten wir auch unser Herz für die Unvollkommenheiten anderer Menschen öffnen, für ihre Schwächen, Schmerzen, Unzufriedenheiten, Süchte und Zornausbrüche. Wir würden darauf verzichten, sie verändern zu wollen oder sie mit Ratschlägen zu überschütten, und könnten ihnen ein wenig von dem geben, was sie gerade in ihrer Unvollkommenheit am allermeisten benötigen: bedingungslose Annahme.

Annahme ist grundlegend. Grundlegend für unseren persönlichen Frieden und den Frieden in der Welt. Annahme öffnet uns und andere. Ihre Wurzel ist vollständige Offenheit, die unsere wahre Natur ist. Eine Offenheit, die alles einschließt und Ausdruck einer tiefen Verbundenheit mit allem ist.

Wie sehr wünsche ich dir und allen Menschen, dass wir uns immer wieder an dieses grundlegende Angenommensein erinnern, dass wir alle den Frieden berühren, der in diesem Angenommensein liegt.

Das Zurücktreten im Überblick

Dieses Buch beschreibt ein systematisches Zurücktreten von wesentlichen Identifizierungen, die unsere wahre Natur verdekken. Die Abfolge der einzelnen Schritte, die in den Kapiteln beschrieben sind, ist nicht zufällig, sondern folgt einer inneren Logik, die sich natürlicherweise aus dem Prozess des Zurücktretens ergibt.

Da möglicherweise durch die ausführlichen Beschreibungen der einzelnen Kapitel der rote Faden für den Leser verloren gehen könnte, habe ich ihn hier noch einmal in Kürze zusammengestellt. Dabei bedeutet:

- Identifizierung: Was uns den Blick auf Stille verstellt.
- Tor: Wie wir zurücktreten können.
- Schwelle: Was uns daran hindert, loszulassen.
- Stille: Wie Stille in dieser Dimension erfahren wird.

Angenommensein

Identifizierung:	Vorstellung, wir könnten Dinge annehmen oder ablehnen
	Urgefühl, nicht richtig zu sein
Tor:	Bemerken, wie wir ablehnen
	Bemerken, wie wir uns ablehnen
Schwelle:	Die Angst, immer nachgeben zu müssen
	Die Angst, uns aufzugeben
Stille:	Fundamentales Gutsein
	Wir sind angenommen

Nicht richtig, nicht falsch

Identifizierung:	Wertvorstellungen, Selbstbilder und Ideale
Tor:	Den inneren Richter bemerken Urteile als Vorstellungen entlarven
Schwelle:	Angst vor unserem Schatten
Stille:	Sein dürfen; Ganzheit Vollkommenheit des Seins

Nicht-Tun

Identifizierung:	Vorlieben, Wollen und Aversion Reaktionsmuster Vorstellung von Kontrolle
Tor:	Innehalten mit Reaktionen Erkennen, dass nicht wir handeln, sondern Handeln geschieht
Schwelle:	Angst vor Kontrollverlust, Ausgeliefertsein
Stille:	Im Einklang sein, Hingabe Einfachheit Gelassenheit, Freiheit

Nicht-Wissen

Identifizierung:	Denken, Konzepte Die Vorstellung, zu verstehen
Tor:	Das Denken beobachten Die Flüchtigkeit von Gedanken beobachten Das Interesse am Denken verlieren und es auf die Leere richten

Schwelle:	Angst, dumm zu sein
	Angst vor Orientierungslosigkeit
Stille:	Ausdehnung und Einsinken
	Leichtigkeit
	Innere Sicherheit: getragen sein

Nicht-Erfahren

Identifizierung:	Sinne, Erfahrung und Erfahrungsobjekte
Tor:	Das Erfahren beobachten
	Die Aufmerksamkeit auf das Beobachtende, das Subjekt lenken
	Ins Nichts ganz eintauchen
	Auf Momente von Leere fokussieren (Nicht-Spüren, Nicht-Hören, Nicht-Sehen, Nicht-Denken)
Schwelle:	Angst, auf sinnliche Genüsse verzichten zu müssen
Stille:	Verlöschen der Erfahrung
	Präsenz und Stille
	Reines Sein

Keine Welt

Identifizierung:	Vorstellung einer von uns unabhängigen, soliden Welt
Tor:	Beobachten, wie wir die Welt aus Sinneseindrücken, Gedanken, Bildern und Erinnerungen zusammensetzen
	Unschärfe zulassen;
	Ins Nicht-Erfahren eintauchen

Schwelle:	Das Auseinanderfallen der Welt Haltlosigkeit
Stille:	Einheit der Erfahrung Die Welt verschwindet im Nicht-Erfahren Erkenntnis, dass die Welt eine Projektion des Geistes ist

Kein Ich

Identifizierung:	Vorstellung einer individuellen, abgetrennten Wesenheit
Tor:	Vergänglichkeitsbetrachtung Eintauchen ins Nicht-Erfahren Das ICH in jeder Erfahrung suchen Das ICH als Idee entlarven Das ICH in Besitz, Beziehungen und Rollen untersuchen
Schwelle:	Todesangst; die Angst, nicht zu sein
Stille:	Ichlosigkeit: „Niemand", der handelt Ganzheit

Ohne Anfang

Identifizierung:	Zeit als eine von uns unabhängige Dimension Lebensgeschichte Körper
Tor:	Aus Gedanken und Erfahrungen aussteigen und die Zeit beenden Die Geschichte als Gedanken entlarven Den Körper fragmentieren

Schwelle:	Angst, auseinander zu fallen
Stille:	Zeitlosigkeit, Ewigkeit, Gegenwart Unpersönlich sein Ungeboren sein Formlosigkeit

Alles Sein

Identifizierung:	„Ich bin Stille" Der Wunsch, Welt und Objekte auszugrenzen
Tor:	Vom „Ort" der Stille aus die Phänomene beobachten, wie sie aus der Stille entstehen
Schwelle:	Angst vor vollkommener Öffnung
Stille:	Einssein von Stille und Phänomenen Durchströmt werden von Stille: Liebe Einssein mit *Allem*: Mitgefühl

Dank

Dank meinem treuen Freund Oliver B. Abouzia, mit dem ich seit vielen Jahren einen intensiven Austausch über transpersonale Themen pflege.

Dank an alle meine Lehrer und Lehrerinnen, die mich immer wieder inspirierten und deren Weisheit und Erfahrung in dieses Buch eingeflossen sind. Insbesondere gilt mein Dank Fred von Allmen und Dyrian Benz-Chartrand, deren schlichte Präsenz mich tief berührt hat.

Dank an all jene Menschen, die sich mir anvertraut haben und die ich begleiten durfte. Ich habe durch sie so viel übers Leben gelernt. Dieses Buch ist nicht zuletzt eine Frucht des Suchens und Wirkens all dieser Menschen.

Schließlich danke ich dem Leben selbst, das alles auf unergründliche Weise hervorbringt und miteinander verknüpft und das die Quelle dieses Buch ist.

Zum Autor

Richard Stiegler, geb. 1963; Psychotherapeut, HPG; Ausbilder in Transpersonaler Psychologie und Meditationslehrer.

Schon seit Beginn seines inneren Weges interessierte sich R. Stiegler für spirituelle Entwicklung (vorwiegend Buddhismus) und psychologische Arbeit. So entstand schon bald der Wunsch, beide Bereiche miteinander zu verbinden, was ihn zur Transpersonalen Psychologie geführt hat. Mit den Jahren hat er einen eigenen integrativen Ansatz in der Transpersonalen Psychologie entwickelt und bietet heute Kurse und Ausbildungen in Transpersonaler Psychotherapie an. Auch Meditationskurse, die den Inhalt des Buches zum Gegenstand haben, werden regelmäßig angeboten.

Informationen zu Kursen und Ausbildungen von Richard Stiegler unter: **www.transpersonale-seminare.de**

Bücher zum Thema

Adams, Robert, Stille des Herzens (Teil 1 und 2), J. Kamphausen Verlag, Bielefeld 2001

Almaas, A.H., Das Elixier der Erleuchtung, Arbor Verlag, Freiamt im Schwarzwald 1997

    Essentielle Verwirklichung, Arbor Verlag, Freiamt im Schwarzwald 1998

    Essentielle Befreiung, Arbor Verlag, Freiamt im Schwarzwald 1999

    Essentielles Sein, Arbor Verlag, Freiamt im Schwarzwald 2001

    Essenz, Arbor Verlag, Freiamt im Schwarzwald 2003

Anderson, Walt, Das offene Geheimnis, Goldmann Verlag, München 1988

Benz, Dyrian, Alles zur rechten Zeit, Kösel Verlag, München 1996

Bly, Robert, The Kabir Book, Beacon Press, Boston 1971

Buber, Martin, Das dialogische Prinzip, Gütersloher Verlag, Gütersloh 2002

Brown, Byron, Befreiung vom inneren Richter, J. Kamphausen Verlag, Bielefeld 2001

Gendün Rinpoche, Herzensunterweisung eines Mahamudra-Meisters, Theseus Verlag, Berlin 1999

Heider, John, Tao der Führung, Sphinx Verlag, Basel 1995

Hoff, Benjamin, Tao Te Puh, Synthesis Verlag 1984

Jäger, Willigis, Suche nach dem Sinn des Lebens, Via Nova Verlag, Petersberg 2004

Jäger, Willigis, Die Welle ist das Meer, Herder Spektrum, 2000

Kabir, Wach auf, wann wachst du endlich auf, Sophia Verlag Bergen 2001

Kornfield, Jack, Das Tor des Erwachens, Kösel, München 2001

Krishnamurti, Jiddu, Einbruch in die Freiheit, Ullstein Verlag, Berlin 2002

    Revolution durch Meditation, Humata Verlag Herold S. Blume, Bern

Laotse, Tao te king, Diederichs, München 1989

Lucille, Francis, Ewigkeit jetzt – Dialoge über das Glück, J. Kamphausen Verlag, Bielefeld 2001

Maharaj, Sri Nisargadatta, „Ich bin" (Teil 1 und 2), J. Kamphausen Verlag, Bielefeld 1997/98

Maharshi, Ramana, Sei, was du bist, O. W. Barth Verlag, München 1990

Naranjo, Claudio, Gestalt, Arbor Verlag, Freiamt im Schwarzwald 1996

Nhat Hanh, Thich, Mit dem Herzen verstehen, Theseus Verlag, Berlin 1989

Nyanaponika, Geistestraining durch Achtsamkeit, Verlag Beyerlein & Steinschulte, Stammbach 2000

Packer, Toni, Der Moment der Erfahrung ist unendlich, Theseus Verlag, Berlin 1996

Parry, Danaan, Krieger des Herzens, Lüchow Verlag, 1995

Parsons, Tony, Das ist es, J. Kamphausen Verlag, Bielefeld 2004

Remen, Rachel Naomi, Dem Leben trauen, Blessing, München 1997

Aus Liebe zum Leben, Arbor 2002

Rilke, Rainer Maria, Briefe an einen jungen Dichter, Diogenes, 1997

Roberts, Elizabeth und Amidon, Elias, Editors: Earth Prayers, Harper, Collins Publ., San Francisco 1991

Sacks, Oliver, Der Mann, der seine Frau mit einem Hut verwechselte, Rowohlt, Reinbek 1998

Schimmel, Annemarie, Rumi, Ich bin Wind und du bist Feuer, Diederichs, München 1995

Shapiro, Isaac, Wellen des Friedens, Lüchow Verlag 2000

Sogyal Rinpoche, Das tibetische Buch vom Leben und vom Sterben, O.W. Barth Verlag, Frankfurt a.M. 2004

Sudbrack, Josef und Liggers Wulf, Das wahre Wort der Ewigkeit wird in der Einsamkeit gesprochen, Meister Eckharts Seinsmystik und die Erfahrung der Wüste, Echter, Würzburg 1989

Tart, Charles, Hellwach und bewusst leben, Heyne Verlag, München 1991

Tolle, Eckhart, Jetzt – Die Kraft der Gegenwart, J. Kamphausen Verlag, Bielefeld 2000

Trungpa, Chögyam, Spirituellen Materialismus durchschneiden, Theseus Verlag, Berlin 1999

Trungpa, Chögyam, Das Buch vom meditativen Leben, rororo Taschenbuch, Reinbek bei Hamburg 1996

Varela und Thompson, Der Mittlere Weg der Erkenntnis, Scherz Verlag, München 1995

Von Allmen, Fred, Mit Buddhas Augen sehen, Theseus Verlag, Berlin 1997

Watts, Alan W., Weisheit des ungesicherten Lebens, Piper Verlag, München 1994

Felix Gronau

Erkenntnis

In diesem spannenden autobiografischen Bericht schildert Felix Gronau seine mystischen Erfahrungen und Erkenntnisse auf dem Weg der Meditation und Selbst-Erforschung. Gleichzeitig ist dieses Buch ein Standardwerk der Selbst-Erkenntnis, in dem das Phänomen der Individualität detailliert untersucht und als Illusion entlarvt wird. Auf klar verständliche Weise beschreibt der Autor die Realität des ichlosen Bewusstseins und die Einheit von Schöpfer und Schöpfung. Er erinnert die Leser daran, dass sie nicht das Ich sind, für das sie sich halten, sondern weit mehr: unpersönliches Dasein, absolut bewusst, intelligent und kreativ.

www.felix-gronau.de

Felix Gronau: Grenzenlose Erleichterung | 320 Seiten | ISBN 3-933496-89-6

J.Kamphausen www.weltinnenraum.de

Christine Bolam

Einladung

Nichts schieben wir so gerne auf wie das Glück – wir finden immer einen Grund, nicht glücklich zu sein. Wenn das Glück von Gründen abhinge, hätte es in unserer Welt keine Chance. Doch in Wirklichkeit ist Glück der Grundstoff, aus dem wir selbst, die Welt, das Universum, gebildet sind.

Auf einer Reise in sieben Schritten können Sie das Glück aus sieben verschiedenen Blickwinkeln betrachten und entdecken, was Sie davon abhält, es zu verwirklichen. Praktische Übungen nehmen Bezug zu den wichtigsten Lebensthemen wie Arbeit, Beziehung, Kreativität, Selbstbewusstein. Sie fördern die Erfahrung, dass das Glück überall auf uns wartet – wenn wir bereit sind, seiner Einladung zu folgen.

Christine Bolam: Einladung zum Glück – Eine Reise in sieben Schritten
192 Seiten | ISBN 3-933496-73-X

J. Kamphausen www.weltinnenraum.de

Robert Adams

STILLE

Die Stille des Herzens ist die Stille, die auf uns wartet, wenn wir zutiefst erkennen, dass unser Verstand nicht existiert. „Der schnellste Weg zur Realisation besteht darin, still zu sein," sagt Robert Adams, „doch du musst verstehen, warum du still bist. Still zu sein bedeutet, tief, tief, ganz tief zu jenem Ort zu gehen, wo die absolute Realität zu Hause ist."

Du bist das Selbst, dieses vollkommene unveränderliche Selbst. Nichts anderes existiert. Nichts anderes hat je existiert. Nichts anderes wird je existieren. Es gibt nur dieses eine Selbst und du bist Das.

Robert Adams: Stille des Herzens, Teil 1 | 208 Seiten | ISBN 3-933496-49-7
Robert Adams: Stille des Herzens, Teil 2 | 196 Seiten | ISBN 3-933496-50-9

J. Kamphausen　　　www.weltinnenraum.de